HELEN KELLER • LICHT IN MEIN DUNKEL

Helen Keller

LICHT IN MEIN DUNKEL

SWEDENBORG-VERLAG ZÜRICH

Der Titel der englischen Originalausgabe lautet
MY RELIGION

30.-33. Tausend

ISBN Nr. 3-85927-122-9
Gesamtherstellung:
Swedenborg-Verlag Zürich

SWEDENBORG

Der Himmel sperrte ihm die Riegel seiner hohen Tore auf

O Lichtbringer meiner Blindheit,
O Geist, mir niemals fern!
Stets wenn die Schmerzen sich stauen,
Bist du nah;
Streue deine Worte, heiliger Bedeutung voll,
Wie leuchtende Juwelen in meine Seele,
Bis einst der Tod mit sachter Hand mich führt in
    jene Gegenwart, die ich geliebt –
Meine Fackel im Dunkel hier,
Dort meine ewige Freude.

I

DER SEHER

IN EINEM seiner schönen Märchen beschreibt Hans Andersen einen Garten mit riesigen Bäumen, die in viel zu kleine Töpfe gepflanzt waren. Ihr Wurzelwerk war dadurch auf das grausamste eingezwängt, doch hoben sie sich tapfer ins Sonnenlicht empor, breiteten ihre herrlichen Zweige aus, streuten ihren Blütenreichtum umher und erfrischten müde Sterbliche mit ihren goldenen Früchten. Scharen von Singvögeln nisteten in ihren gastlichen Armen und ließen ein jubelndes Lied von ewiger Jugend und Freude zum Himmel emporsteigen. Schließlich sprengten die Bäume ihre harten, kalten Fesseln und breiteten nun in köstlicher Freiheit ungehindert ihre mächtigen Wurzeln aus.

In meinen Augen ist jener seltsame Garten ein Sinnbild des 18. Jahrhunderts, das einen solchen Riesengeist wie Emanuel Swedenborg hervorbrachte. Oft wird dieses Jahrhundert das Zeitalter der Vernunft genannt und als die kälteste, niederdrückendste Zeit in der Menschheitsgeschichte bezeichnet. Freilich war der Fortschritt auf allen Gebieten erstaunlich: Es gab große Philosophen, Staatsmänner und kühne Wissenschaftler; die Regierungsformen wurden verbessert, das Feudalwesen eingeschränkt, und die öffentlichen Verkehrswege boten größere Sicherheit als je zuvor. Strenge Sitte und das eiserne Szepter der Vernunft hatten die flammenden Leidenschaften des Mittelalters gezügelt.

Indessen lastete über dieser Epoche wie über den vorhergehenden Jahrhunderten eine dunkle, drückende Atmosphäre der Traurigkeit und dumpfen Resignation. Große Schriftsteller, darunter Taine in seiner Geschichte der Literatur, berichten, wie eine düstere Theologie den Menschen als verabscheuenswertes Geschöpf der Sünde darstellte und die Welt dem Zorne Gottes überantwortete. Selbst die Liebe, jenen gütigen Engel, den die Heiligen von jeher mit offenen Armen aufgenommen hatten, wies diese Theologie zurück und verherrlichte allein den Glauben, doch nicht einmal den echten Glauben. Man wollte sich einreden, daß „Glaube allein" ausreiche, die Seligkeit zu erlangen. Jede nützliche Arbeit schien eitel, körperliche Leiden galten als göttliche Strafen, und die schwärzeste aller Nächte – Unwissenheit und Fühllosigkeit – lag über einer Welt ohne Herz.

In dieses nüchterne Zeitalter hinein wurde der Genius Swedenborgs geboren. Seine Berufung war, die dogmatischen Fesseln zu sprengen. Wenn ein solcher Denker „auf die Welt losgelassen wird"[1], ist es geboten, sich einige geschichtliche Ereignisse und Persönlichkeiten seiner Zeit in Erinnerung zu rufen.

Swedenborg wurde kurz nach dem Tode des Johann Amos Comenius geboren, der so mutig gegen die Scholastik gekämpft und ihr den ersten wirksamen

Hieb versetzt hatte, diesem Riesen, unter dessen Einfluß die mittelalterliche Welt so lange gestanden hatte. Swedenborgs Geburtsjahr – 1688 – war das Jahr der schicksalsschweren, wenn auch unblutigen englischen Revolution. Er lebte während der glänzendsten Regierungsjahre Ludwigs XIV., als die Erinnerung an La Rochelle noch allen Protestanten schmerzhaft und bitter gegenwärtig war, war Zeuge der abenteuerlichen Feldzüge Karls XII. von Schweden und ein Zeitgenosse Linnés. Während seiner letzten Lebensjahre verkündete Rousseau in Frankreich seine große Lehre von der Erziehung nach der Natur, Diderot entwickelte seine Philosophie der Sinne und erklärte der Welt, daß auch die Blinden unterrichtet werden könnten. Vielleicht stand nie ein Mensch so ungesichert zwischen den Überlieferungen einer niedergehenden Kulturepoche und dem plötzlichen Anbruch eines neuen Zeitalters, das Swedenborgs vorwärtsblickender Geist herbeisehnte. Je mehr ich seine Stellung bedenke, desto deutlicher erkenne ich, daß wir uns ihn nicht anders denn als ein Wunder erklären können – so wenig hatte er mit seiner Kirche und den typischen Anschauungen seines Jahrhunderts gemein. Was seine Herkunft und Erziehung betrifft, so läßt sich nichts entdecken, was diese unabhängigste Bewegung in der Geschichte des religiösen Denkens – die mit ihm anhob – erklären und deuten hülfe. Gleich ihm wurden Tausende geboren und von gottesfürchtigen Eltern bewundernswert erzogen – ohne deswegen auch nur einen einzigen neuen Gedanken beizutragen oder das Glück der Menschheit zu vermehren! Aber ist es nicht immer so mit dem Genius? Ist er nicht immer ein Engel, den wir beherbergen, ohne es zu wissen?

Swedenborgs Wiege stand in Stockholm in Schweden. Seine Eltern waren ernste Leute, der Vater war lutherischer Bischof und Professor am theologischen Seminar, ein Mann von geistiger Einsicht. Man weiß von Martin Luther, daß er als Mönch Geister sah und ihre Stimmen hörte, und auch manche seiner Anhänger beobachteten strenges Fasten und Wachen, um ebenfalls einen Schimmer jener anderen Welt zu erhaschen. Es heißt, daß Swedenborg im Knabenalter einige derartige Erfahrungen gemacht habe. In späteren Jahren schrieb er an einen Freund: „Von meinem vierten bis zu meinem zehnten Lebensjahr war ich beständig mit Gedanken über Gott, die Erlösung und die geistigen Erfahrungen des Menschen beschäftigt. Mehrere Male offenbarte ich Dinge, die meinen Vater und meine Mutter in Staunen versetzten, und sie meinten, Engel müßten durch mich reden." Sein Vater mag dem billigend gegenübergestanden haben, allein seine Mutter legte sich entschieden ins Mittel und erklärte ihrem Gatten: „Mit diesen himmlischen Exkursionen muß es ein Ende haben." Und tatsächlich sah Emanuel keinen Schimmer und hörte keinen Laut mehr von der geistigen Welt bis zu seinem sechsundfünfzigsten Lebensjahr. Aus allen seinen religiösen Schriften geht deutlich hervor, daß er nicht für derartige Erfahrungen bei Kindern oder unvorbereiteten Männern und Frauen war. Wohl kein Mensch vermochte so wie er die Gefahren zu sehen, die auf den lauern, der die Begegnung mit der anderen Welt von sich aus sucht. Er warnt seine Leser häufig vor diesen höchst gefährlichen Praktiken.

Seine Kindheit war ein schöner Auftakt, wie man sich ihn für ein wunderbares Lehen nur wünschen mochte. Er und sein Vater waren ständige Gefährten. Sie bestiegen die Hügel rund um Stockholm, erforschten Fjorde, sammelten Moose, Blumen und farbige Steine. Kehrten sie zurück, so schrieb der Knabe lange Berichte über ihre Erlebnisse in der Natur, denn von klein auf war er ein Gelehrter, und sein Geist stürmte stets über die Grenzen seines Körpers hinaus. Aber im Unterschied zu vielen frühreifen jungen Leuten wuchs er stark und gesund heran und machte durch seine edle, männliche Haltung viel von sich reden. Er genoß die beste Erziehung, die seine Zeit und sein Vaterland zu bieten hatten, besuchte die Universität zu Upsala, und seine frühesten Arbeiten verrieten, wie man sagt, viel dichterisches Talent. Vor allem aber widmete er sich der Mathematik und Mechanik. Er überraschte seine Lehrer durch Vereinfachung einiger schwieriger Berechnungsmethoden, und oft konnten sie seinem raschen Geiste kaum folgen, wenn er das Dunkel schwieriger wissenschaftlicher Fragen durchdrang. Sie und die Studenten betrachteten ihn mit Scheu. Er scheint ein unbewußter Spiegel der aufrechten

Grundsätze und strengen Formen gewesen zu sein, mit denen er aufgewachsen war. Sein Antlitz wird als ernst, aber nicht abweisend geschildert, so war er etwas unnahbar, aber schön und von gebietender Persönlichkeit. Nie überließ er sich ungebunden den ausgelassenen Spielen der Jugend. Er konnte später nicht einmal dem einzigen Mädchen, das je eine Leidenschaft in ihm entfachte, seine Liebe zeigen und ging statt zu ihr zu ihrem Vater, dem angesehenen Polheim, als müßte er seine Liebe durch Diagramme beweisen. Der Vater war einverstanden und gab dem jungen Manne seine Zusicherung für vorläufig drei Jahre, doch empfand das Mädchen solche Scheu, daß ihr Bruder Swedenborg schließlich überredete, sie aufzugeben. Seine Liebe zu ihr verwand er aber nie.

Er absolvierte ehrenvoll die Universität Upsala und promovierte im Jahre 1709 zum Doktor der Philosophie, als er einundzwanzig Jahre alt war. Danach reiste er ins Ausland, nicht zum Vergnügen, sondern um zu lernen. Robsahm sagt von Swedenborg in seinen Memoiren: „An fremden Sprachen kannte er außer den alten Sprachen gut Französisch, Englisch, Holländisch, Deutsch und Italienisch, denn er war mehrmals in diesen Ländern gereist."

Sein Vater hätte es gerne gesehen, wenn er in den diplomatischen Dienst getreten wäre, er wählte jedoch stattdessen die wissenschaftliche Laufbahn. Seine Empfehlungsbriefe an die Fürsten Europas ließ er ruhig unbenützt und besuchte lieber die berühmtesten

Gelehrten seiner Tage. Zuweilen sprach er auch unangemeldet bei ihnen vor und bat um eine Unterredung, aber da etwas um ihn war, was ihnen Achtung einflößte, so lehnten sie seine Besuche nie ab. Erkenntnis war sein einziger Wunsch und seine Berufung, und er forderte Tribut von jedem, der neue Gedanken oder Methoden mitzuteilen hatte. Seine tiefe Gelehrsamkeit brachte ihn in enge Verbindung mit Christopher Polhem, der das volle Vertrauen Karls XII. von Schweden genoß. Durch ihn wurde Swedenborg beim König eingeführt, der ihn 1716 zum Assessor am schwedischen Bergwerkskollegium ernannte, ein Amt, das Ratschläge über die besten Methoden zur Ausbeutung der Bergwerke und über das Schmelzen von Erzen erteilt. Mit dieser Ernennung hebt für Swedenborg eine Zeit erstaunlich fruchtbarer und vielseitiger Tätigkeit an. Er kam seiner Beamtenpflicht gewissenhaft und umsichtig nach, trieb aber daneben seine Studien auf allen Gebieten der Wissenschaft weiter voran. Als unabhängiger Denker folgte er dem Drängen eines gewaltigen ursprünglichen Genius, wenn möglich die tiefsten Geheimnisse der Natur zu enträtseln. Er war ebenso vertraut mit Schmiede und Steinbruch, Werkstatt und Werft, wie mit den Sternen und den Liedern der Vögel am Morgen. Die Blumen, die er in verborgenen Winkeln blühen sah, erzählten ihm ebenso wundersame Geheimnisse, wie die majestätischen Berge, die er erklomm. In ihm fand eine seltsame Verschmelzung statt von Praktischem und Schönem, Mathematik und Poesie, von Erfindungskraft und schriftstellerischer Begabung.

Im Jahre 1718 brachte er sein mechanisches Talent zur Geltung bei der Belagerung von Frederikshall, wo er ein Rollensystem konstruierte, auf dem mehrere große Schiffe vierzehn schwedische Meilen weit über Berg und Tal transportiert werden konnten. Er arbeitete an Plänen zu einem äußerst komplizierten mechanischen Wagen, zu einer Flugmaschine und einem Unterseeboot, griff also dem Kraftwagen, dem Flugzeug und dem Unterseeboot vor. Dann verfertigte er Pläne zu neuen, wassergetriebenen Luftpumpen, versuchte ein Universalinstrument herzustellen, mit dem man ohne musikalische Vorkenntnisse alle Melodien nach Noten spielen konnte. Schließlich ersann er sogar eine Methode, um die Wünsche und Neigungen der Menschen durch Analyse zu ermitteln.

Er erdachte eine Luftkanone, die tausend Kugeln in der Minute abschießen sollte! Er plante Zugbrücken und verschiedene andere mechanische Vorrichtungen. In ihm war das wunderbare System miteinander verbundener Wissenschaft und Technik vorgebildet, dem wir den außerordentlichen Fortschritt der Neuzeit verdanken. Er wies den praktischen Nutzen des Dezimalsystems nach, hatte wunderbare Vorahnungen von Erkenntnissen und Theorien, die erst eineinhalb Jahrhunderte später entwickelt wurden, wie Paläontologie, Biologie, Magnetismus. Sogar der Entwurf zu einer Atomtheorie liegt uns vor, und lange vor Laplace stellte er die Nebulartheorie auf.

Swedenborg war nicht blind dafür, daß er es durch seine mannigfachen Talente und Fähigkeiten zu großem Reichtum und Einfluß bringen konnte, aber er leerte den an Seine Lippen gehobenen Glücksbecher nicht; zu schwer lagen ihm Sorge und Elend der Menschheit auf dem Herzen. Tief betroffen war er Zeuge einer grausamen Theologie, die über unzählige menschliche Wesen die Verdammnis aussprach. So predigte zu jener Zeit Jonathan Edwards in Neu-England Höllenfeuer und Furcht, und zahllose Säuglinge wurden, weil sie ohne Taufe starben, ewiger Qual überantwortet. Wir können uns heute kaum mehr ein Bild davon machen, welchen Scharfsinn das Böse aufbot, um Gottes Wort in einen Fluch zu verdrehen. Der Himmel abstoßend, die Hölle unaussprechlich, das Leben ein Elend! Swedenborg sagte sich: „Was nützt mir all mein Wissen, wenn solch ein unheilvoller Schatten über der ganzen Welt liegt?" kehrte Glanz und Ruhm den Rücken und verbrachte neunundzwanzig Jahre – ein Drittel seines Lebens – in verhältnismäßiger Armut, um die zerschlagenen Seelen seiner Mitmenschen zu trösten mit einer humanen und vernunftgemäßen Glaubens- und Lebenslehre.

Neben seiner beruflichen Arbeit schrieb er in jeder freien Stunde und verfaßte so im ganzen etwa sechzig Bücher und sonstige Schriften, ehe er mit seinen Forschungen auf dem Gebiet der Religion begann. Unter die großen Werke dieser Periode zählen: „Die Uranfänge der natürlichen Dinge“ „Das Gehirn“ „Der Körperhaushalt der Seele“[2] und „Rationale Psychologie“.

Emerson sagt über diese wissenschaftlichen Werke folgendes: „Es scheint, daß er vieles von der Wissenschaft des 19. Jahrhunderts vorweggenommen hat. Seine Werke würden eine ausreichende Bibliothek abgeben für einen einsamen, kraftvollen Forschergeist. Das Werk „Der Körperhaushalt der Seele“ ist eines der Bücher, die kraft durchgehender Höhe des Denkens eine Ehre für die Menschheit sind. Es ist ein Buch von wunderbaren Verdiensten und wurde in der hochzielenden Absicht geschrieben, die Einheit von Wissenschaft und Seele – die einander so lang entfremdet waren – wiederherzustellen. Es ist eines Anatomen Darstellung des menschlichen Körpers im höchsten Stile der Dichtung. Nichts kann die kühne und glänzende Behandlung eines gewöhnlich so trockenen und abstoßenden Gegenstandes übertreffen.“

Elbert Hubbard sagt Von dem Werk „Die Uranfänge der natürlichen Dinge", daß Darwin es mit der eingehendsten Aufmerksamkeit gelesen haben soll. Jedenfalls hat Swedenborg etwas wie Evolution geahnt, als er in einer winzigen Flechte auf einem Felsen den Keim eines ganzen Waldes erblickte. Den Buchstabensinn des biblischen Schöpfungsberichts erkannte er als einen Widerspruch zu den wissenschaftlichen Ergebnissen, und tatsächlich hat er in seinen religiösen Schriften niemals seine Einstellung zur Genesis geändert. Ja, er machte den durch sein Alter beinahe ehrwürdig gewordenen Schrein der Buchstabengläubigkeit lächerlich und riß ihn nieder. Zugleich entdeckte er in jenem Teil der Schrift einen uralten Erzählungsstil, der gar nicht die physische Schöpfung betrifft, sondern ein lange vergessenes Gleichnis der Menschenseele ist.

Neben Mathematik, Mechanik und Bergwerkswissenschaft verrät Swedenborg in seinen Werken ein eingehendes Wissen auf den Gebieten der Chemie, Anatomie, Geologie, sowie eine starke Neigung zur Musik; ähnlich mannigfaltig und umfassend waren seine philosophischen Interessen. Neben all dem fand er doch stets Zeit, „sich der Gesellschaft in allen Dingen nützlich zu erweisen.“ Viele Jahre lang war er Mitglied des schwedischen Parlaments und infolge seiner hervorragenden Verdienste um sein Vaterland hoch geehrt. Im Laufe der Zeit wurden ihm viele Auszeichnungen zuteil. 1724 bot ihm das Konsistorium der Universität Upsala den Lehrstuhl für höhere Mathematik an, den er jedoch ablehnte. Er wurde zum Mitglied mehrerer wissenschaftlicher Gesellschaften in St. Petersburg, Upsala und Stockholm ernannt. Sein Bildnis befindet sich in Stockholm in der Halle der königlichen Akademie der Wissenschaften, zu deren hervorragendsten Mitgliedern er gehörte, neben dem Linnés.

Mit einem Wort: Swedenborgs Leben war nichts als Arbeit, Arbeit und nochmals Arbeit. Er wurde wirtschaftlich unabhängig, doch spornte ihn das nur an, noch mehr zu leisten. Hohe und Niedrige bezeugten seinen edlen Charakter und seine selbstlose Hingabe. Als er älter wurde, wich der Ernst seiner früheren Mannesjahre einer Güte, die seine engeren Freunde an ihm liebten. Wirkliche Freundschaft kannte er jedoch nicht. Er hatte so hohe geistige Regionen erreicht, daß seine Kollegen keine Diskussionen über seine Arbeitsbereiche mit ihm wagten. Sie versuchten auch kaum, seine Werke zu lesen, begnügten sich vielmehr damit, sie zu empfehlen. Niemand schien fähig oder willens, seinen Riesenschritten in die Bereiche des spekulativen Denkens zu folgen. Er war ein Sehender unter Blinden, ein Hörender unter Tauben, die Stimme eines Rufenden in der Wüste mit einer Sprache, die niemand verstand. Möglicherweise ist es meine eigene teilweise Ausgeschlossenheit von der Welt des Lichtes und Klanges, die mir ein so deutliches Empfinden für seine besondere Lage verleiht. Ich kann es mir nicht anders vorstellen, als daß er einsam war in gleichsam überirdischer Einsamkeit, und daß die Welt ihm fremd erschien, weil er ihr schon entwachsen war. Vielleicht erlitt noch kein Mensch ein solches Aufbäumen der Seele gegen die Schranken ihrer Leiblichkeit, und er war dabei allein, ohne die tröstliche und stärkende Gemeinschaft Gleichgesinnter. Er hatte sein Leben der Wissenschaft geweiht –

was aber sollte er mit seinem ungeheuren Wissensschatz anfangen? So war er natürlich froh, als sich ihm in seinen Nöten ein Licht zeigte und neue Möglichkeiten auftaten. Doch frage ich mich, ob er nach seiner „Erleuchtung" sich noch je ganz heimisch fühlte auf Erden. Ungefähr um das Jahr 1744 kam eine große Wandlung über Swedenborg. Diesem scharfen Beobachter der Naturerscheinungen und gründlichen philosophischen Denker wurde nun von oben die Fähigkeit zur Erkenntnis geistiger Dinge verliehen. Seine „geistigen Sinne" wurden aufgetan, um die Gesetzmäßigkeiten der geistigen Welt zu erkennen. Sein Zeitgenosse Robsahm berichtet uns von einem Gespräch, in dessen Verlauf er Swedenborg fragte, „wo und wie es ihm gegeben wurde, zu sehen und zu hören, was in der Welt der Geister, im Himmel und in der Hölle vor sich geht." Die Antwort lautete, daß ihm eines Nachts „Gott, der Herr, der Schöpfer der Welt und Erlöser" erschienen sei und gesagt habe, „daß er mich erwählt habe, den Menschen den geistigen Sinn der Schrift zu enthüllen, und daß er selbst mir erklären würde, was ich darüber schreiben sollte; in der gleichen Nacht wurden mir, um mich von ihrer Realität zu überzeugen, die Welt der Geister, sowie Himmel und Hölle erschlossen, und ich fand dort Personen aller Stände aus meinem Bekanntenkreis. Von diesem Tage an entsagte ich aller weltlichen Gelehrsamkeit, widmete mich nur noch geistigen Dingen und schrieb nieder, was der Herr mir befahl. Von da an öffnete mir der Herr häufig die geistigen Augen, so daß ich am hellen Tag in die andere Welt hineinsehen und bei ganz wachem Bewußtsein mit Engeln und Geistern reden konnte.“ Im September 1766 schrieb Swedenborg an C. F. Oetinger: „Ich kann heilig beteuern, daß der Herr selbst mir erschienen ist, und daß er mich gesandt hat zu tun, was ich tue, und daß er zu diesem Zweck das Innere meines Geistes, das heißt, meines Geistmenschen aufgeschlossen hat, damit ich die Dinge, die in der geistigen Welt erscheinen, sehen und hören möge, und dies nun schon 22 Jahre hindurch. Allein heutzutage reicht keine Beteuerung hin, jemandem dies glaubhaft zu machen.“ Diese Gnadengabe wurde ihm bis zu seinem Tode erhalten. Er starb am 29. März 1772, als er vorübergehend in London weilte.

Ich habe das Gefühl, daß ich besonders befähigt bin, diese Seite von Swedenborgs Erlebnissen zu würdigen und seine Äußerungen darüber wenigstens teilweise zu erfassen. Beinahe sechs Jahre lang fehlte mir jede Vorstellung davon, was Natur oder Geist, der Tod oder das Göttliche sein könnte. Ich dachte buchstäblich mit meinem Körper. Meine Erinnerungen aus jener Zeit rühren ausschließlich aus meinem Körpergefühl her. Wieder und wieder untersuchte ich während 30 Jahren diese Stufe meiner Entwicklung im Lichte verschiedener neuer Theorien, und ich bin daher von der Richtigkeit meiner Feststellungen überzeugt. So weiß ich, daß ich wie ein Tier gezwungen war, Nahrung und Wärme zu suchen. Ich erinnere mich wohl, daß ich weinte, aber nicht an den Kummer, der die Tränen verursachte; ich trat und stampfte mit den Füßen, und weil ich mich daran körperlich erinnere, weiß ich, daß ich damals zornig gewesen sein muß. Ich ahmte meine Umgebung nach, machte Zeichen, wenn ich dies oder das essen wollte, oder auf dem Hofe meiner Mutter Eier suchen half. Aber es ist kein Funke eines Gefühls oder vernünftigen Denkens in diesen zwar deutlichen, aber rein körperlichen Erinnerungen. Ich war wie ein unbewußter Klumpen Erde. Dann plötzlich – ich weiß nicht, wie, wo und wann – empfand mein Gehirn den Anstoß eines anderen menschlichen Geistes[3], eine Tür tat sich auf, ich erwachte zu Sprache, Wissen, Liebe, zu den üblichen Begriffen der Natur, von Gut und Böse! Ich wurde tatsächlich aus dem Nichts zu menschenwürdigem Leben erhoben – zwei Stufen, so unvereinbar wie Swedenborgs Erdenerfahrung und seine Fühlungnahme mit dem jenseitigen, übersinnlichen Bereich! Da ich mir in jenen inhaltsleeren Jahren nicht einmal meine primitivsten Begriffe aus mir selbst oder aus der Natur bilden konnte, sehe ich sie als Offenbarung eines – wenn auch endlichen – Geistes an. Swedenborg erblickte in seinen höchsten Erkenntnissen eine Offenbarung des unendlichen Geistes. Ja, aus seinen eigenen Worten geht hervor, daß er sein bewußt gegenwärtiges Erleben der geistigen Welt nicht als einen Selbstzweck betrachtete, sondern lediglich als ein Mittel, jenen anderen, in der Regel in uns schlummernden Bereich seines Verständnisses zu entfalten, um die verschiedenen Stufen der Begriffe von Gut und Böse, von Geist und Stoff in größerer Fülle zu erkennen und im Worte Gottes die geistigen Gesetze aufzuzeigen, statt dasselbe rein buchstäblich auszulegen. Er behauptete keineswegs der einzige zu sein, der derartige Gesichte habe. Aber er bezeugte, daß er während der 29 Jahre, da ihm gegeben war, mit der jenseitigen Welt zu verkehren, zugleich bewußt in der wirklichen Welt lebte, wo alle Menschen leben, solange sie auf Erden wohnen. Er betrachtete es als seinen Auftrag, den „geistigen Sinn" die heilige Symbolik der Schrift zu erforschen und zu erläutern und sah in seinen Jenseitserfahrungen eine Hilfe zum echten Verständnis des göttlichen Wortes und zur Übermittlung der wunderbarsten und segensvollsten Wahrheiten an die Menschheit. Darum widmete sich Swedenborg mit der ihm eigenen Energie der Erforschung des ewigen Reiches der Seele. Er nahm das Studium des Hebräischen auf, um das Alte Testament in der Ursprache lesen zu können, und verschaffte sich so ein Wissen aus erster Hand von den religiösen Formen und Gleichnissen, den „Geheimnissen" alter Zeiten. Viele Jahre suchte er den Sinn zahlloser dunkler Stellen im Worte zu erfassen und stand vor Rätseln! vieles belastete ihn; tote Tradition und die beinahe unausrottbaren Gewohnheiten sektiererischer Anschauungsweisen, die Kälte einer Zeit, die dem Christentum sein eigentliches Herz – die Liebe – stahl, die verhexten

Winkelzüge einer kirchlichen Literatur, die Lehren verteidigte, wie kein Prophet oder Apostel sie sich je träumen ließ, und endlich die quälenden Sinnestäuschungen. Schließlich jedoch erleuchtete das Licht von oben seinen Geist – die Wahrheit machte ihn frei – und er wandte all seine großartigen Fähigkeiten an die Befreiung der Welt!

Im Jahre 1747 bat Swedenborg bei Friedrich, dem damaligen König von Schweden, um die Erlaubnis, sich von seinem Amte als Assessor zurückziehen zu dürfen, und erhielt sie auch. So konnte er sich nun seiner neuen Arbeit ungestört hingeben. Man bot ihm die Beförderung in einen höheren Rang an; er lehnte ab, weil er fürchtete, es könnte ihn zum Stolz verleiten. Den Glanz der höchsten Gesellschaft und die Krone des Ruhmes ließ er hinter sich und zog sich still in die Abgeschlossenheit seiner kleinen Bibliothek zurück, wo er nun 27 Bücher verfaßte, deren einziger Zweck es war, dem Christentum zu einer lebendigen Wirklichkeit auf Erden zu verhelfen.

Was auch immer das Urteil der Leser über Swedenborgs religiöse Bücher sein mag, von seiner einzigartigen Persönlichkeit muß man tief beeindruckt sein. Er tat alles mit Ruhe und Überlegung. Nichts von Überspanntheit oder Hochmut war an ihm. Je weiter er in den geistigen Gefilden schritt, desto schlichter und ruhiger wurde er. Er wandte sich nicht an die Schwachheit und Leichtgläubigkeit der Unwissenden, versuchte niemanden zu bekehren, wollte auch seinen

Namen nicht in Verbindung mit der Neuen Kirche bringen, die – wie er bezeugte – der Herr damals auf Erden zu erbauen begann. Er fühlte, seine Botschaft war weniger für seine Zeit als für spätere Geschlechter bestimmt. Verließen seine Werke – Früchte jahrelanger, konzentrierter Arbeit – in großen lateinischen Foliobogen die Presse, so verteilte er sie großzügig an die Universitäten und Geistlichen Europas. Er war sich vollständig klar darüber, daß viele seiner Aussagen auf Unglauben und Feindseligkeit stoßen würden, und er hätte sie anziehender gestalten können, wenn er unangenehme Wahrheiten weggelassen oder sie durch eine gewinnendere, verbindlichere Ausdrucksweise gemildert hätte. Doch er wich seiner hohen Verpflichtung niemals auch nur einen Augenblick aus. Als sein hochfliegender Geist im Tode den so schmerzlich unzureichend gewordenen Körper verließ, begann man seinen glänzenden Namen zu schmähen; und eine Zeitlang geriet einer der edelsten Kämpfer, den das echte Christentum je gekannt hat, nahezu in Vergessenheit. Für ihn selbst war bei seiner zunehmenden Vereinsamung auf Erden der einzige Trost das Bewußtsein gewesen, daß er ein volles Maß von Hingabe dem Wohl und Glück der Menschheit geschenkt hatte.

Mehr als zweihundert Jahre sind seit Swedenborgs Tod vergangen, und allmählich haben seine Leistungen Anerkennung gefunden. Die Ablehnung, die sein Werk einst hervorrief, hat sich in Duldung und

Interesse verwandelt. In den Zentren der zivilisierten Welt traten viele intelligente Menschen für seine Lehre ein und trugen sie bis in die Winkel und Enden der Erde. Wie ein Licht ist seine Botschaft gewandert, Seite an Seite mit den modernen Wissenschaften, der neuen Freiheit und Gesellschaftsordnung, die sich im Leben der Menschheit verwirklichen wollen. Immer wieder begegnen mir Beispiele von ehedem gehemmten oder enttäuschten Menschen, die durch die große Botschaft reicher und froher geworden sind. Und auch ich lege mein bescheidenes Zeugnis ab und werde mich glücklich preisen, wenn durch eins meiner Worte auch nur *ein* Mensch ein innigeres Gefühl der göttlichen Gegenwart erlangt und neuen Mut faßt, die Schwierigkeiten seines Alltags zu meistern.

Auf meinem Wege durch Dunkelheit und Schwierigkeiten werde ich raunender Stimmen aus dem Geisterreich gewahr, die mich ermutigen. Heilige Leidenschaft vom Urquell der Unendlichkeit strömt auf mich herab. Ich erbebe unter einer Musik, die von den Pulsschlägen Gottes getragen scheint. Mit unsichtbaren Banden an Sonne und Planeten geknüpft, glüht schon die Flamme der Ewigkeit in meiner Seele. Hier, inmitten der Luft, die wir alltäglich atmen, empfinde ich etwas wie das Rauschen eines ätherischen Regens; erlebe ich eine Schönheit, die alle Dinge Himmels und der Erde vereint. Eingemauert in Schweigen und Dunkel leuchtet mir ein Licht, das mir eine tausendfältige Schau eröffnen wird, wenn der Tod mich befreit.

Helen Keller „betrachtet" ein Gesicht

II

MEIN GEISTIGES ERWACHEN

MEINE Bekanntschaft mit den Schriften des großen schwedischen Sehers des 18. Jahrhunderts liegt ungefähr fünfzig Jahre zurück; meine Eindrücke davon könnten bedeutungslos erscheinen, wenn ich nicht auf meine ersten Fragen über Gott zurückgreife. Als kleines Kind wollte ich natürlich wissen, woher die Welt und alles in ihr käme. Man sagte mir, die Natur (allgemein „Mutter Natur" genannt) habe Himmel und Erde, das Wasser und alle lebendigen Wesen gemacht. Damit war ich eine Zeitlang zufrieden und lebte glücklich inmitten der Rosenbäumchen im Garten meiner Mutter oder draußen am Ufer des Flusses und auf den mit Gänseblümchen übersäten Wiesen, wo mir meine Lehrerin Geschichten über die Blumen und ihre Samen, die Insekten und Vögel und die Fische im Fluß erzählte, die sich anhörten wie aus „Tausendundeine Nacht". Wie andere Kinder glaubte ich, alles, was ich berührte, sei lebendig und mit Bewußtsein begabt und war der Meinung, wir alle seien Kinder von Mutter Natur. Aber als ich älter wurde, begann ich, über die Dinge, die ich berühren konnte, nachzudenken. Ich gebrauche hier natürlich reife Worte und die Vorstellungen späterer Jahre, um die tastenden, halbgeformten, sich stets wandelnden Eindrücke der Kindheit überhaupt mitteilen zu können. So fiel mir der Unterschied auf zwischen allem Menschenwerk und den Naturwundern; ich bemerkte, daß die jungen Hunde, die Blumen und Steine, die kleinen Kinder und auch das Gewitter nicht auf die gleiche Weise zusammengefügt waren, wie meine Mutter die Zutaten ihres Kuchens mischte. In Feld und Wald fühlte ich eine mir rätselhafte Gesetzmäßigkeit und Ordnung, gleichzeitig gab es ein Durcheinander in den Elementen, das mich zuweilen erschreckte. Die mutwillige Vernichtung des Schönen wie des Häßlichen, des Nützlichen wie des Schädlichen, des Rechtschaffenen wie des Schlechten durch Erdbeben, Überschwemmung oder Sturm konnte ich einfach nicht verstehen. Wie war es möglich, daß die blinde Masse unverantwortlicher Kräfte der Natur Leben schaffen und erhalten konnte, das Zerstörte ewig erneuernd? Was war die Erklärung für die unfehlbare Folge von Frühling, Sommer, Herbst und Winter, Saat und Ernte, Tag und Nacht, Ebbe und Flut, und die nie abreißende Kette der Generationen? Irgendwie hatte ich das Gefühl, als kümmere sich die Natur um mich und die Menschen, die ich liebte, ebenso wenig wie um einen Zweig oder eine Fliege, und das erweckte etwas wie Groll in mir, – „jener zarte Wink, der die Seele weckt, ihren hohen Anspruch anzumelden“ und zu erklären, daß sie ein Vorrecht auf Herrschaft über den Gang der Dinge und Begebenheiten hat.

So wandte ich mich von der Natur ab und forschte nach Gott – und ward wiederum verwirrt. Freunde versuchten mir den Gedanken nahezubringen, daß Er der Schöpfer und Allgegenwärtige sei, daß Er alle Bedürfnisse, Freuden und Sorgen jedes Menschenlebens kenne, daß nichts ohne sein Vorwissen und seine Vorsehung geschehe. Edelmütige Menschen waren überzeugt, daß Er barmherzig sei gegen alle und seine Sonne aufgehen lasse über Gerechten und Ungerechten. Zu einem so herrlichen, liebenswerten Wesen fühlte ich mich unwiderstehlich hingezogen, und ich empfand ein starkes Verlangen, etwas von ihm zu verstehen. Da begegnete ich Phillips Brooks[4]. Mit seinen schlichten, zu Herzen gehenden Worten half er mir die Grundwahrheit erfassen, daß Gott die Liebe ist und seine Liebe „das Licht aller Menschen".

Von der Beziehung dieser göttlichen Liebe zur stofflichen Welt konnte ich mir jedoch keine klare Vorstellung machen. Oft verlor ich mich in Schatten und Ungewißheiten und irrte hin und her zwischen jenem Licht, das eine so unaussprechliche Zuversicht spendete, und dem Chaos und der Dunkelheit der Natur, die so unleugbar wirklich schienen. Eines Tages machte mich ein kleines Erlebnis strahlend glücklich und brachte mich dem Gottesgefühl näher: Ich „beobachtete", einen prächtigen Schmetterling, der gerade seiner Puppe entschlüpft war, seine Flügel in der Sonne trocknete, und dann, wie ich fühlte, über einen Erdbeerstrauch davonflatterte. Als ich hörte, daß die alten

Ägypter den Schmetterling als ein Gleichnis für die Unsterblichkeit ansahen, war ich entzückt. Es leuchtete mir ein, daß solch schöne Lebensformen eine Lehre über noch lieblichere Dinge in sich bergen müßten. Nichtsdestoweniger quälte mich das gleiche Hin und Her weiter, bis mir eines Tages durch eine plötzliche Eingebung ein unfaßliches Wunder offenbar wurde.

Ich hatte eine halbe Stunde ruhig in der Bibliothek gesessen, als ich mich plötzlich an meine Lehrerin wandte: „Es ist etwas Seltsames geschehen! Ich bin die ganze Zeit weit fort gewesen und habe doch das Zimmer nicht verlassen." „Was meinst Du, Helen?" fragte sie überrascht. „Nun", rief ich, „ich bin in Athen gewesen". Kaum hatte ich das ausgesprochen, als eine lichte, staunenerregende Klarheit meinen Geist erfüllte und zu entflammen schien. Ich wurde mir der Wirklichkeit meiner Seele bewußt und ihrer völligen Unabhängigkeit vom Raum und vom Körper. Es war klar: weil ich ein Geist bin, hatte ich einen tausende von Meilen entfernten Ort so lebendig „gesehen" und gefühlt; Raum existierte also nicht für den Geist! In diesem Bewußtsein erschien mir nun die Gegenwart Gottes in ganz neuer Beleuchtung: weil Er, der Schöpfer, Geist ist, kann er überall und zur gleichen Zeit in seinem ganzen Weltall gegenwärtig sein! Die Tatsache, daß sich meine kleine Seele trotz ihres blinden, tauben und stolpernden Leibes über Erdteile und Meere hinweg nach Griechenland versetzen konnte, ließ mich vor Freude erschauern. Ich hatte meine

Beschränkungen durchbrochen; der Tastsinn war mir zum Auge geworden. So konnte ich die Gedanken weiser Männer lesen, – Gedanken, die deren irdisches Leben um Jahrtausende überdauert haben, und die ich mir als Teil meiner selbst aneignen konnte. Wenn das so war, wieviel mehr konnte dann Gott, als unbeschränkter Geist, die Mängel der Natur – Unfall, Schmerz, Vernichtung – aufheben; wie leicht konnte Er seine Kinder erreichen! Taubheit und Blindheit waren also nicht von ausschlaggebender Bedeutung, ich konnte sie an den äußeren Kreis meines Lebens verweisen. Natürlich machte ich mir all dies in meinem Kinder-Gemüt nicht klar; ich wußte aber, daß ich, das wirkliche Ich, die Bücherei verlassen und im Geiste irgendeinen beliebigen Ort besuchen konnte, und ich war glücklich. Dies war der zarte Keim, aus dem mein Interesse für geistige Dinge erwuchs.

Mit Ausnahme der Geschichte vom gütigen Nazarener empfand ich zu jener Zeit keine besondere Begeisterung für die biblischen Geschichten. Die Berichte über die Schöpfung und die Vertreibung Adams und Evas aus dem Garten Eden, weil sie die verbotene Frucht gegessen hatten, die Sintflut und all der Zorn und die Rache des Herrn ähnelten mir zu sehr den griechischen und römischen Mythen, die ich gelesen hatte, – von deren Göttern und Göttinnen ich nur sehr wenige bewundern konnte. Ich war enttäuscht, in der Bibel, die meine gute Tante mir als ein göttliches Buch vorhielt, kein Abbild jenes Wesens zu finden, dessen Antlitz doch so gütig, schön und strahlend in meinem Herzen leuchtete. Sie erzählte mir auch Geschichten aus der „Offenbarung", und doch fühlte ich eine Leere, die ich mir nicht erklären konnte. Was konnte mir ein Krieg zwischen Gott, Drachen und gehörnten Tieren bedeuten? Wie sollte ich die ewige Qual der in den Feuerpfuhl Geworfenen mit dem Gotte vereinbaren, von dem Christus verkündete, daß er Liebe sei? Was sollte – so fragte ich mich verwundert – die Beschreibung einer besonderen Stadt Gottes mit goldenen Pflastern und Mauern aus Edelsteinen, wenn doch der Himmel so voll anderer, ebensolcher Herrlichkeiten sein mußte – Berge, Wälder, Meere und köstlicher, fruchtbarer Erde, dem ruhespendenden Boden? Der bewegende Bericht von Christus, wie er die Trauernden tröstet, die Kranken heilt, den Blinden neues Licht und stummen Lippen Sprache schenkt, wühlte mich bis in die Tiefen auf; wie aber konnte ich drei Personen der Gottheit anbeten – den Vater, den Sohn und den Heiligen Geist? War das nicht Götzendienst, der in den Tagen des Alten Testaments so schrecklich bestraft wurde?

In solch verwirrten, unbefriedigenden Gedanken über die Bibel war ich befangen, als in mein Leben einer der Freunde trat, die ich besonders lieb gewann: John Hitz, der langjährige Generalkonsul der Schweiz in Washington, der später Direktor des Volta-Büros wurde, das Dr. Bell mit dem Gelde des Volta-Preises gegründet hatte, den er für die Erfindung des Fernsprechers erhalten hatte. Dieses Büro war errichtet worden, um Material über die Tauben zu sammeln und zu vermitteln. Es veröffentlichte in deren Interesse eine Zeitschrift „Die Annalen der Tauben“, die jetzt „Die Volta-Umschau“[5] heißt.

Ich begegnete John Hitz zum ersten Male im Jahre 1893, als ich etwa 13 Jahre alt war, und es begann eine liebevolle und schöne Freundschaft, die ich zu den liebsten Erinnerungen meines Lebens zähle. Er zeigte immer tiefe Teilnahme für alles, was ich trieb – für meine Studien, meine Mädchenfreuden und -träume, für meinen mühsamen Kampf an der Universität und meine Arbeit für die Blinden. Er war einer der wenigen, die meine Lehrerin und die große Bedeutung ihrer Arbeit nicht allein für mich, sondern für die ganze Welt voll zu würdigen vermochten. Seine Briefe bezeugten seine Zuneigung zu ihr und sein Verständnis für das, was sie mir war – ein Licht in allen Dunkelheiten meines Lebens. Oft besuchte er uns in Boston und Cambridge, und jedesmal, wenn wir auf unserem Wege nach oder von meinem im Süden gelegenen Elternhaus durch Washington kamen, machten wir entzückende Ausflüge mit ihm.

Als meine Lehrerin und ich uns in Wrentham im Staate Massachusetts niedergelassen hatten, brachte er jeden Sommer sechs Wochen bei uns zu bis zum Jahre vor seinem Tode. Er liebte es, mich am frühen Morgen zu einem Spaziergang abzuholen, wenn noch der Tau auf den Wiesen und Bäumen lag und die Luft vom

Vogelgesang freudig vibrierte. Wir wanderten zusammen durch stille Wälder und duftende Auen, vorbei an den malerischen Mauern von Wrentham, und immer verstand er es, mich der Schönheit und dem tieferen Sinn der Natur näher zu bringen. Wenn er so redete, leuchtete mir die weite Welt im Glanze der Unsterblichkeit. Er war es, der in mir die Liebe zur Natur entfachte, die so wundersam mitschwingt in der Musik, die ich in meiner Stille höre, und in dem Licht, das ich in meiner Dunkelheit sehe. Wie köstlich ist, während ich dies schreibe, die Erinnerung an die Blumen und lachenden Bächlein und die lichten, heilsamen Augenblicke der Stille, in denen wir uns zusammen freuten. Täglich schaute ich durch seine Augen in eine neue und liebliche Landschaft, „gehüllt in wonnige Schauer“ der Phantasie und geistigen Schönheit. Oft blieben wir stehen, damit ich das Rauschen der Bäume fühlen möchte, das Biegen der Blumen und das Wogen des Korns; dann konnte er wohl sagen: „der Wind, der all dies Leben in die Natur bringt, ist ein wunderbares Gleichnis vom Geiste Gottes.“

An meinem vierzehnten Geburtstag schenkte er mir eine goldene Uhr, die er selbst mehr als 30 Jahre getragen hatte, und von der ich mich seither nur einmal trennte, als sie wegen einiger abgenutzter Teile in die Schweiz geschickt wurde. Seltsam genug, sie war ursprünglich nicht für Blinde gemacht worden, sondern hatte einem deutschen Gesandten gehört, der an ihr eine Vorrichtung anbringen ließ, die es ihm ermöglichte, wichtige Verabredungen genau einzuhalten. Er mußte einmal einen hohen Würdenträger des Kaisers besuchen, aber die Hofsitte verbot es ebenso, auf die Uhr zu schauen, wie zu lange zu verweilen. Da ging der Gesandte zu einem Uhrmacher und ließ nach genauen Anweisungen die Uhr so einrichten, daß er die Hand in seine Tasche stecken und dort die Zeit „fühlen“ konnte. Sie hat ein Kristallzifferblatt und einen goldenen Zeiger auf der Rückseite, der mit dem Minutenzeiger gekoppelt ist. Am Rande der Uhr sind Goldpunkte, die die Stunden angeben.

Ich trage sie stets an meinem Herzen, und sie tickt mir ebenso treu, wie mein Freund selbst für mich gearbeitet und mich lieb gehabt hat. Er, dessen Liebe sie mir immer vor Augen hält, ist nun seit nahezu fünfzig Jahren dahingegangen; aber ich habe das tröstliche Bewußtsein, daß jedes Ticken mich ihm näher und näher bringt. Wahrlich ein kostbarer Schatz, der so Zeit und Ewigkeit miteinander verknüpft!

John Hitz und ich haben viele Jahre in brieflichem Verkehr gestanden. Er lernte das Braille-System[6], damit ich seine langen und häufigen Briefe selbst lesen konnte. Sie sind ein Zeugnis unserer Geistesverwandtschaft und mein Trost, so oft ich mich nach der Berührung seiner Hand und seinen weisen und stärkenden Worten sehne, die mich zu meinen Aufgaben ermutigten. Sein erster und letzter Gedanke war, mir Hindernisse so weit als möglich aus dem Weg zu räumen. Er entdeckte bald meinen Hunger nach für mich lesbaren Büchern in Blindenschrift, die solche Fragen behandelten, die mich besonders beschäftigten. Acht Jahre lang widmete er einen Teil jedes Tages der Abschrift irgendeines Textes, der mir Freude bereiten sollte, – Geschichten, Lebensbeschreibungen großer Männer, Dichtungen und Naturstudien.

Als ich „Himmel und Hölle" von Swedenborg gelesen hatte und den Wunsch äußerte, mehr von dessen Schriften kennenzulernen, stellte er mühsam erläuternde Bücher und Auszüge zusammen, um mir das Lesen zu erleichtern. Das alles vollbrachte er neben seinen Pflichten als Direktor des Volta-Büros und neben seinem ausgedehnten Briefverkehr! In seinen Briefen wies er oft auf die „ruhigen Morgenstunden vor dem Frühstück," hin, die er mit Umschreiben in Blindenschrift für mich zubrachte, und auf seine „Freude, in täglicher Fühlung mit seiner innigst *geliebten Tochter Helena*[7] zu sein". Viele Freunde haben Wunderbares für mich getan. Aber ganz unvergleichlich bleibt das unermüdliche Bemühen von John Hitz, den inneren Sonnenschein und Frieden seiner stillen Jahre mit mir zu teilen. Jahr für Jahr fühlte ich mich mehr zu ihm hingezogen, und im Verlauf der Zeit schrieb er mir immer regelmäßiger. Dann erlebte ich einen großen Schmerz – die Trennung von dem Freunde, den ich neben meiner Lehrerin am meisten liebte. Ich hatte meine Mutter besucht und war auf der Rückreise nach Wrentham. Wie gewöhnlich machte ich in Washington einen Zwischenhalt, und John Hitz kam zum Zug, um mich abzuholen. Voll Freude umarmte er mich und erzählte mir, mit welcher Ungeduld er mein Kommen erwartet habe. Als er mich dann vom Zuge wegführte, erlitt er plötzlich einen Herzschlag und verschied. Kurz vor seinem Ableben nahm er noch einmal meine Hand, und ich fühle noch heute seine Berührung, wenn ich an jene dunklen Tage denke. Ich hätte den Verlust eines so nahen und lieben Freundes nicht ertragen können, wenn ich daran geglaubt hätte, daß er nun wirklich tot sei. Aber seine edle Lebensweisheit und die Gewißheit eines künftigen Lebens wappneten mich mit der unerschütterlichen Zuversicht, daß wir uns wiederfinden würden in einer Welt – glücklicher und schöner als alle meine Träume. Hier aber wird mir immer die hilfreiche Erinnerung an seine einmalige Persönlichkeit gegenwärtig sein.

Er war ein Mann hohen Charakters, ein Mann reicher geistiger Gaben; sein Herz schlug rein und warm und war voll jenes kindlichen Glaubens, der stets das Beste in seinen Mitmenschen sieht. Stets fand er etwas Liebes für andere zu tun. Auf all seinen Wegen hielt er sich an das Gebot: „Liebe deinen Nächsten wie dich selbst." Noch im Alter von 80 Jahren hatte er sich das Herz eines Jünglings bewahrt, und seine unerschöpfliche Kraft zur Fröhlichkeit hob ihn weit über den Durchschnitt der Menschen empor. So blieb er jung mit den Jungen, war nie alt für mich, und ich nie taub und blind für ihn. Er buchstabierte etwas unbeholfen mit seinen Fingern und war so schwerhörig, daß ich einen Satz oft sechs Mal in meiner unvollkommenen Sprechweise wiederholen mußte, bis er mich verstehen konnte. Aber unsere Liebe überwand viele Schwierigkeiten, und unser Zusammensein lohnte stets alle Anstrengungen, die es uns kostete.

Durch unsere Gespräche entdeckte John Hitz, wie schon erwähnt, meinen Hunger nach Büchern, die ich lesen konnte. Er selbst war taub geworden und konnte daher gut den verzerrten Gesichtswinkel verstehen, den mein Denken der Sinnenwelt gegenüber aufwies. Ich solle mich an die Stelle der Sehenden und Hörenden versetzen und mich bemühen, ihre Eindrücke von den Dingen zu erraten, meinte er, dann könnten sie ihre Sinne mehr und mehr mit den meinigen vereinigen und so meinen Anteil an der Außenwelt wunderbar mehren. Er zeigte mir, wie ich einen Schlüssel zu ihrem Leben finden und auch ihnen Gelegenheit geben könne, das meinige mit Verständnis zu betrachten. Als er mir einen Band von Swedenborgs „Himmel und Hölle" in Blindenschrift in die Hand gab, meinte er, ich würde zunächst wohl nicht viel davon verstehen, aber diese Lektüre sei eine gute Übung für meinen Geist und würde mich mit dem Bilde eines Gottes beglücken, der ebenso liebenswert sei wie jener, den ich im Herzen trüge. Ich solle mich immer daran erinnern, daß es leichter sei, das Gute in einem schwierigen Buche zu erfassen, als das Wahre; denn – wie Swedenborg es ausdrückt: „Das Gute ist wie eine kleine Flamme, welche Licht spendet und den Menschen sehen, wahrnehmen und glauben läßt."

Als ich „Himmel und Hölle" zu lesen begann, ahnte ich ebenso wenig, wie Jahre zuvor, als ich auf den Stufen der Veranda meine Lehrerin erwartete, welche Freude damit in mein Leben treten würde. Lediglich mit der Neugier eines jungen Mädchens, das gerne liest, schlug ich jenes große Buch auf, – und siehe da, meine Finger gerieten im Vorwort auf einen Abschnitt über eine blinde Frau, die in ihrer Dunkelheit durch die Wahrheiten der Schriften Swedenborgs getröstet worden war. Sie waren ihr zu einer Lichtquelle geworden, die sie den Verlust des Augenlichtes leicht ertragen ließ. Keinen Augenblick zweifelte sie daran, daß in ihrem Körper ein geistiger Leib mit vollkommenen Sinnen wohne, und daß nach einigen dunklen Erdenjahren sich dessen geistige Augen für eine unendlich herrlichere, vollkommenere und glücklichere Welt als diese auftäten.[7a]

Mein Herz tat einen Freudensprung. Hier war ein Glaube, der das betonte, was ich so deutlich fühlte: die Unabhängigkeit der Seele vom Leib, wie auch des vollkommen harmonischen Reiches der Himmel von jenem Chaos der Natur, dessen Unvollkommenheiten und sinnlosen Zufälle meine beschränkten körperlichen Sinne an allen Ecken und Enden bedrängten. Mit dem hingebungsvollen Eifer, den gesunde, glückliche Jugend hat, versuchte ich, die langen Sätze und die schwerwiegenden Gedanken des schwedischen Weisen zu enträtseln. Irgendwie ahnte ich die Züge dessen, den ich als den Einen und Einzigen liebte, und suchte mehr zu verstehen. Die Worte „Liebe“ und „Weisheit“ begleiteten freundlich meine Finger von Abschnitt zu Abschnitt und machten neue Kräfte in mir frei und spornten meine etwas träge Natur an. Von Zeit zu Zeit kehrte ich zu dem Buche zurück, las hier und dort ein paar Zeilen, „Gebot um Gebot“ und empfing so Licht um Licht von dem Worte Gottes, das verborgen unter den Wolken einer buchstäblichen Ausdrucksweise liegt. Je mehr mir der Sinn des Gelesenen aufging, desto mehr fühlte sich meine Seele beflügelt und schöpfte Zuversicht in allen mich bedrückenden Schwierigkeiten. Die Schilderungen der anderen Welt versetzten mich über Zeit und Raum in Regionen übermenschlicher, himmlischer Schönheit, wo Engelsgewänder schimmern, hohe, schöpferische Geistwesen mit ihrer Klarheit die dunkelsten Geheimnisse des Menschen durchdringen; wo ewige Geschicke walten und Gottes Lächeln aus Nacht den Tag gebiert. In jener Sphäre des Geistes erglühte meine Seele, und ich sah Männer und Frauen vom Maße der Engel in majestätischem Zuge an mir vorüberziehen. Zum ersten Male wurde mir der Sinn des Begriffes „Unsterblichkeit“ verständlich, und auch die Erde gewann dadurch neue und liebliche Züge. Wie froh war ich über die Entdeckung, daß die Stadt Gottes keine so törichte Angelegenheit ist, als die sie mir immer erschienen war mit ihren gläsernen Straßen und Saphirmauern, sondern daß sie gleichsam die Schatzkammer hilfreicher Gedanken und himmlischer Einflüsse darstellt – nach Entsprechungen planvoll geordnet. Allmählich erkannte ich, daß mir die äußere Gestalt der Bibel, die mich bisher so verwirrt hatte, bei der Erkenntnis ihres inneren Gehaltes kostbarer Wahrheiten von großem Nutzen sein konnte, ganz ähnlich, wie mir ja auch mein behinderter, stolpernder Leib nach und nach eine wertvolle Hilfe bei der Erfüllung der hohen Forderungen meines Geistes geworden war.

Engherzige Menschen äußerten die Ansicht, daß alle Nichtchristen verdammt würden. Dagegen lehnte sich mein Gefühl auf. Zudem wußte ich, daß in den heidnischen Ländern große Weise ihr Leben für die Wahrheit, wie sie ihnen ohne Kenntnis Christi erscheinen mußte, eingesetzt, ja geopfert hatten. In „Himmel und Hölle" fand ich nun, daß niemand, der an Gott glaubt und nach seiner besten Erkenntnis recht lebt, je verdammt wird. Ergibt sich das nicht auch aus dem Umstand, daß der Name „Jesus" – wie Swedenborg erklärt – im tieferen Sinne auf das göttliche Gute hinweist, das sich in Taten der Liebe auswirkt, und „Christus" auf die göttliche Wahrheit, die in den Menschen neues Leben, neues Denken und Freude erweckt? So wuchs ich allmählich heran, und in ähnlich unerklärlicher Weise, wie Joseph Conrad im Englischen die Sprache seiner Wahl fand[8], fühlte ich mich mehr und mehr zu den Lehren der Neuen Kirche als zu meiner

Religion hingezogen. Niemand beeinflußte mich bei dieser Wahl, und ich kann sie mir selbst nicht genau erklären. Ich kann nur sagen, daß das Wort Gottes – befreit von entstellenden Flecken barbarischer Glaubensformen – sogleich zur Freude und zum Segen meines Lebens wurde; gleichzeitig erkannte ich nun auch mehr und mehr den Wert der Arbeit meiner Lehrerin und meine eigene Verantwortung. Ich erlebte Stunden des Kampfes und der Einsamkeit. Harte Wahrheiten wagte ich nun mutig ins Auge zu fassen; aber auch Stunden tiefster Freuden und hochfliegender Träume wurden mir geschenkt, und sie waren mir lieber als die Lockungen des Wohlbehagens. Die göttlichen Wahrheiten wurden für mich, was Licht, Farbe und Musik für Auge und Ohr bedeuten. Sie sublimierten mein sehnliches Verlangen nach einem normalen, gesunden Körper zu dem lebendigen Bewußtsein, daß ich ja in meinem Innern das Bild vollkommenen Menschentums trage. Jeder Tag, den Gott werden läßt, schenkt mir beide Hände voll Möglichkeiten, und sein kurzer Lauf zeigt mir alle Wahrheiten und Wirklichkeiten meines Daseins, schenkt mir das Glück des Reifens, das herrliche Gefühl, tätig zu sein, und die Freude an der Schönheit der göttlichen Schöpfung.

III

DIE RECHTFERTIGUNG MEINES VERTRAUENS IN DEN SEHER

WAHRSCHEINLICH wird nun jemand einwerfen: „Ist nicht Helen Keller, weil sie taub und blind ist, besonders leicht den Einflüssen von Menschen preisgegeben, deren Anschauungen, Dogmen oder politische Ideale sich auf eine kleine, aber fanatische Minderheit beschränken?“ Ehe ich auf Swedenborgs Ansprüche eingehe, die seit dem Tage, da sie erhoben wurden, die Welt in Staunen versetzt haben, möchte ich dem Leser die Meinungen berühmter Schriftsteller unterbreiten, die seine Werke kannten und doch nicht der Kirche angehörten, die seine religiösen Lehren vertritt.

Emerson wählte Swedenborg zu einem seiner „Vertreter der Menschheit“[9] und schreibt: „Dieser Mann, der seinen Zeitgenossen als Geisterseher und Schwärmer erschien, führte zweifellos das wirklichste Leben von allen Menschen, die damals auf der Welt waren . . . Eine gigantische Seele, überragte er weit seine ganze Zeit, die ihn nicht verstand, und es braucht viel Abstand, um seiner Größe gerecht zu werden.“ Nebenbei sei bemerkt, daß Emerson kein Auge für Swedenborgs Hölle hatte und auch kein Verständnis für seine Gleichniserklärung der Bibel aufbrachte.

Thomas Carlyle, der als gescheiter Schottländer nicht gerade leicht irrezuführen war, urteilt folgendermaßen über Swedenborg: „Ein Mann von großer und unleugbarer Bildung, starkem, mathematischem Verstand und außerordentlich frommer, engelgleicher Gemütsart; ein Mann, der in meinen Augen als schön, liebenswert und tragisch zugleich erscheint . . . Seine Schriften verkünden mehr Wahrheiten als die irgendeines anderen Menschen . . . Eine der erhabensten Gestalten im Reiche des Geistes . . . Eine jener geistigen Sonnen, die im Laufe der Zeit immer heller leuchten werden."

Elbert Hubbards Vergleich zwischen Swedenborg und Shakespeare verdient besonderes Interesse, da er die Dinge aus einem ganz anderen Gesichtswinkel betrachtet: „Beide sind Titanen. In der Gegenwart solcher Riesen schrumpfen kleine Menschen gleichsam zu Stäubchen zusammen. Swedenborg war von heroischem Format, und seit Anbeginn der Welt hat kein Mensch je so umfassende naturwissenschaftliche Kenntnisse in sich vereint und – mit all dem beladen – derart kühne Flüge in den Himmel unternommen. Menschen, die sich so hoch erheben und am besten über jene andere Welt unterrichtet sind, wissen gewöhnlich nur wenig über die diesseitige. Unter Swedenborgs Zeitgenossen gab es aber keinen so gründlichen Wissenschaftler wie ihn, und auch kein Mensch vor oder nach ihm hat je das Reich der Himmel so eingehend beschrieben. – Shakespeare verließ eigentlich nie ganz den Boden. Sein Ausflug im «Sturm» geschah nur wie in einem Fesselballon. Die Gestalten des Ariel und Caliban entnahm er einem alten Fabelbuch. – Shakespeare wußte wenig von Physik; Volkswirtschaft interessierte ihn nicht, er konnte wenig Latein und noch weniger Griechisch; Reisen unternahm er nie, und von Geologie hatte er keine Ahnung. Swedenborg dagegen griff Darwin auf vielfache Weise vor. Er beherrschte die klassischen und die meisten modernen Sprachen, unternahm ausgedehnte Reisen, war ein praktischer Volkswirtschaftler und der beste Ingenieur seiner Tage."

Henry James sagte: „Emanuel Swedenborg bewies den gesundesten und weitreichendsten Verstand, den seine Zeit kannte", und Henry Ward Beecher ging nicht weniger weit mit seiner Feststellung: „Keiner kennt die Theologie des 19. Jahrhunderts, der Swedenborg nicht gelesen hat."

Es gibt noch andere, vielsagende Zeugnisse von dem Eindruck, den Swedenborgs Lehren hinterlassen haben. Darunter das von Elisabeth Barrett Browning, deren schöne Beseeltheit und zarte Dichtung so viel Bewunderung weckte: „Für mich", sagt sie, „findet sich das einzige Licht, das auf das andere Leben fällt, in Swedenborgs Philosophie. Sie erklärt vieles Unverständliche."

Samuel Taylor Coleridge, den die britische Enzyklopädie „einen der bemerkenswertesten Dichter und Denker" nennt, entrichtet Swedenborg, der oft so voreilig wahnsinnig genannt wird, folgenden Tribut: „Ich darf behaupten, daß Swedenborg als Sittenlehrer über jedes Lob erhaben ist, und daß er als Naturwissenschafter, Psychologe und Theologe großen und mannigfachen Anspruch auf Dankbarkeit und Bewunderung der philosophischen Fakultäten erheben kann . . . Dreimal glücklich wären wir zu preisen, wenn die heutigen Gelehrten mit einem ähnlichen Wahnsinn begabt wären!"

Derartige Urteile hervorragender Männer und Frauen verhelfen uns zu einer besseren Vorstellung von der Persönlichkeit und dem überragenden Genie Swedenborgs. Sollte mein Urteil über ihn fehlerhaft sein, dann beruht das offensichtlich nicht auf meinen körperlichen Beschränktheiten. Sowohl Gelehrte wie auch andere, um ihrer geistigen Gaben willen berühmte Leute, bezeugen seinen erstaunlich entwickelten Verstand, ausgebildet, wie Emerson bemerkt, „um mit astronomischer Genauigkeit zu arbeiten". Als ungeschulter Mann hätte er seine Stellung nicht lange gegenüber dem erbarmungslosen Trommelfeuer der wissenschaftlichen Kritik halten können, wie wunderbar auch sein Erleben und wie berechtigt auch sein Anspruch sein mochte. In Swedenborg aber sehen wir einen Gelehrten vor uns, der seiner Zeit weit vorauseilt, Technik und Wissenschaft meistert, wohlfundierte und umfangreiche Werke über alle Wunder der Natur schreibt, von der winzigen Gesteins-Flechte bis zum verwickelten Aufbau des

Gehirns. Auf schwindelnden Höhen des Wissens, die er notgedrungen allein erklimmen muß, behält er stets wunderbar das Gleichgewicht; und mit gleicher Kühnheit, Ruhe und Sicherheit findet er später seinen gefährlichen Weg über die Tiefen und Abgründe der Geisterwelt hinweg, um aus der ihm verliehenen Vollmacht ohne Scheu die feinen, aber unzerreißbaren Fäden zu offenbaren, die Geist und Stoff, Ewigkeit und Zeit, Gott und Mensch verknüpfen.

Drei meiner besten Freunde äußerten ihre Meinung über Swedenborg, und sie hätten es nicht getan, wenn er ihnen als geistesgestörter oder unduldsamer Eiferer erschienen wäre. Am besten von ihnen kannte ich Dr. Edward Everett Hale, an dem ich immer sein frisches Interesse für alle Dinge und die tiefen Gedanken bewunderte, die er sich über viele Probleme machte. Er fällte folgendes Urteil: „Der Swedenborgianismus hat die Befreiungsarbeit des letzten Jahrhunderts getan. Die Welle, die Swedenborg in Bewegung setzte, hält bis auf den heutigen Tag an. Die Darlegungen seiner religiösen Werke haben eine Revolution in der Theologie hervorgerufen."

Bischof Brooks ist ein anderer Freund von mir. Wie alle, die ihn verehrten, bin ich mir klar über das Gewicht und die Bedeutung seiner öffentlichen Äußerungen, und daher verdient seine Meinung zu diesem Thema gewiß Beachtung: „Ich hege die tiefste Ehrerbietung vor dem Charakter und Werk Emanuel Swedenborgs . . . Von Zeit zu Zeit habe ich viel aus seinen

Schriften gewonnen. Es ist unmöglich, sich über ein so bedeutendes Werk kurz zu fassen. Ja, in gewissem Sinne sind wir alle Neukirchenleute mit neuem Licht, neuen Hoffnungen und neuer Verbindung mit Gott in Christus."

Und Whittier, der liebe, mystische Dichter, sagte: „All seinen Offenbarungen über das zukünftige Leben liegt ein durchgehender, großartiger und schöner Gedanke zugrunde."

Eine andere Möglichkeit zur Würdigung des Menschen Swedenborg besteht darin, ihn mit anderen großen Führern der Menschheit zu vergleichen. Aus alten Zeiten ist eine Geschichte überliefert von einem König, der einst müde und entmutigt aus seiner Ratshalle trat und den Künstler Iliff rufen ließ. Dem befahl er: „Male mir das Bild eines wahren Menschen, gütig und weise, von der Kraft eines Helden und der Schönheit eines Weibes. Es soll in meinem innersten Gemach hängen, und wenn ich mich dahin zurückziehe, soll sich meine Seele daran erheben und heilig erwärmen". Das Bild wurde gemalt und in die Halle des Palastes gebracht. Der König betrachtete es mit höchstem Entzücken, bis er plötzlich einen eigentümlichen Sinn darin entdeckte, der ihn stutzig machte. Es hatte die Gestalt des schönsten Menschen an seinem Hof, vollkommen in jeder Linie, die Haltung eines demütigen Dieners, der ihm den Becher füllte, und die Stirn eines Priesters und Heiligen. Ein fahrender Sänger, der seinen müden Geist mit Gesang erquickt, lieh dem Bilde sein Auge, ein Weib endlich das liebliche und beständige Lächeln. So enthielt das Bild die Anmut der Reize von allen, und auch sie erschienen dadurch zugleich in einem neuen Licht. Auch Swedenborgs Bild vereint in sich Glanz und Ruhm aus dem Leben mancher großen Männer, und auch diese erhalten neue Bedeutung durch einen solchen Vergleich. In Wissenschaft, Literatur und Philosophie kennen wir Herolde, die, wie auf Berggipfeln stehend, die ersten Strahlen der Sonne auffangen und den neuen Tag verkünden. Vaterländisch gesinnte Männer befreien ihr Land von einem grausamen Joch und führen ihr Volk zu neuer Freiheit, andere durchforschen die Schatzkammern der Erde nach neuen Energiequellen oder entdecken am Himmel zahllose Sterne und ferne Planeten; Abenteurer fahren über viele Meere und finden schließlich – nicht die gesuchte Nordwest-Passage, sondern Amerika. Denken wir endlich an die großen Prophetengestalten, die Millionen durch ihr Beispiel oder Gebot lehren, den Götzendienst beseitigen und die Kirche aus Aberglauben und Heuchelei aufrütteln; oder denken wir an einen Mann wie Wesley, der mit seiner warmen Liebe die starren, ungeistigen Formen seines Zeitalters belebte.

So zieht, wenn wir uns über Swedenborg klar zu werden suchen, eine eindrucksvolle Gestalt nach der anderen an unserem geistigen Auge vorüber. Hatte einst ein Michelangelo mit künstlerischer Imagination in einem unbehauenen Steinblock die Gestalt eines

Engels geschaut und dann mit seinem Meißel zu klarer Anschaulichkeit daraus befreit, so waren Swedenborgs innere Augen der Schau wirklicher Engel erschlossen, und er hob gleichsam aus dem Steingewirr der Buchstabenwahrheiten des göttlichen Wortes die himmlische Botschaft ins Licht des Bewußtseins – die Botschaft von der Liebe und Fürsorge Gottes gegenüber seinen Kindern.

Eine weitere Möglichkeit zur Würdigung seines Lebensbildes bildet sich, wenn wir an Beethoven, Mozart und Wagner denken, deren Musik die Welt erfüllt und die Herzen der Menschen den Himmel ahnen läßt. Swedenborg aber vernahm die göttliche Harmonie des Alls und hörte tatsächlich, wie er sagt, die lieblichste Musik der engelischen Heerscharen.

Von Jugend auf sind wir mit dem Charakter eines Napoleon, Wellington und Washington und anderer großer Heerführer vertraut, die sich in berühmten Schlachten schlugen. Swedenborgs Los machte ihn zum Zeugen eines Krieges, der in der geistigen Welt zwischen den Kräften des Guten und Bösen ausgetragen wurde; mit den Waffen des Himmels und der Erde ausgerüstet – den neu geoffenbarten Wahrheiten des Wortes und den Kenntnissen der neuen Naturwissenschaft – wird er zum größten Kämpfer für das wahre Christentum in zwei Jahrtausenden.

Alexander I. von Rußland befreite die Leibeigenen, Lincoln beseitigte die Sklaverei der Schwarzen in den Vereinigten Staaten. Doch Swedenborg gab der

Menschheit eine himmlische Philosophie, die ihren Geist befreite und die Macht kirchlicher Tyrannei stürzte. Als Symbol einer neuen Zeit schaute er in der geistigen Welt einen Tempel, über dem die Worte zu lesen waren: „Nun ist es erlaubt, mithilfe des Verstandes in die Geheimnisse des Glaubens einzutreten."

Was Agassiz für die Zoologie und Paläontologie, Karl Marx für die Wirtschaftswissenschaft und Darwin für die Entwicklungslehre taten, das leistete Swedenborg auf dem Gebiet der Religion. Seine überzeugenden Argumente und unwiderleglichen Thesen verurteilten den Pessimismus, die Unaufrichtigkeit und Grausamkeit der Theologie eines ganzen Kontinents zum Untergang.

Aristoteles, Plato, Franz Bacon und Kant waren Philosophen hohen Ranges, die lange und geduldig den Ursachen aller Dinge nachforschten. Swedenborg wurde mit Recht der „schwedische Aristoteles" genannt, darüber hinaus konnte er aber erklären, daß ihm erlaubt gewesen sei, bei vollem Bewußtsein in die eigentliche Welt der Ursachen einzutreten und 29 Jahre in ihrem Lichte zu leben. Ein unerschütterlicher Glaube führte Kolumbus zur Entdeckung eines neuen Erdteiles, und Cortez, dem spanischen Eroberer von Mexiko, tat sich von den Bergen Dariens[10] aus die Unermeßlichkeit des Stillen Ozeans auf. Swedenborg ist ein Entdecker, der durch das „unentdeckte Land" des Jenseits reiste, mit seinen Bewohnern sprach und so uns Irdischen „aus Gehörtem und Gesehenem" eine lebendige Vorstellung von ihrem Leben und ihren Daseinsbedingungen vermittelte. So schrieb er zum Beispiel in seinem Werk „Himmel und Hölle“:

„Wenn dem Menschen nach dem Tode seine Taten aufgedeckt werden, so betrachten die Engel, denen das Amt der Untersuchung übertragen ist, zuerst sein Antlitz, dann aber durchdringt ihre Untersuchung den ganzen Leib, indem sie bei den Fingern anfängt und von da aus durch das Ganze sich verbreitet. Als ich mich hierüber wunderte, wurde mir entdeckt, woher dies komme. Die Einzelheiten des Denkens und Wollens, wie sie dem Gehirn eingeschrieben sind – denn in diesem sind deren Anfänge – sind nämlich ebenso auch dem ganzen Leib eingeschrieben, weil alle Teile des Denkens und Wollens von ihren Anfängen aus sich in diesen verbreiten und in ihm als in ihrem Letzten sich endigen . . . Hieraus kann auch erhellen, was unter dem Lebensbuch des Menschen zu verstehen ist, nämlich daß alles, sowohl die Handlungen als auch die Gedanken, dem ganzen Menschen eingeschrieben sind, und wie aus einem Buche abgelesen erscheinen, wenn sie aus dem Gedächtnis zurückgerufen werden, oder wie im Bilde gesehen, wenn der Geist im Lichte des Himmels betrachtet wird.“[11]

Isaac Newton, der ein ähnlich lauterer und frommer Mensch wie Swedenborg war, gelang die Formulierung der Gesetze der Attraktionskraft auf der physischen Ebene. Swedenborg erkannte, daß die

Anziehungskraft der Liebe das entsprechende Gesetz auf der geistigen Ebene ist. Er bezeugt uns, daß der strahlende Urborn der Liebe tatsächlich wie eine Sonne leuchtet, die allen Seelen Leben und der gesamten Schöpfung Schönheit verleiht. Aus seinem Werk „Die göttliche Liebe und Weisheit" will ich einige Stellen anführen, um die Tatsachen und Gesetze zu beleuchten, die er „innere Wirklichkeiten" nennt:

„Bisher war ganz unbekannt, daß es noch eine andere Sonne gibt als die der natürlichen Welt, und zwar darum, weil sich das Geistige des Menschen so sehr mit seinem Natürlichen vermischt hat, daß er nicht mehr wußte, was das Geistige ist, und infolgedessen auch nicht, daß es eine von der natürlichen unterschiedene geistige Welt gibt, in der Geister und Engel leben. Da nun die geistige Welt denen, die in der natürlichen Welt sind, so sehr verborgen war, so hat es dem HERRN gefallen, das Gesicht meines Geistes zu öffnen, damit ich jene Welt ebenso wie die natürliche Welt sehen und beschreiben möchte. Dies ist in dem Werk über Himmel und Hölle geschehen, wo auch in einem Abschnitt von der Sonne jener Welt gehandelt wird. Diese Sonne, die ich gesehen habe, erschien mir in ähnlicher Größe, wie die Sonne der natürlichen Welt und auch gleicherweise wie von Feuer, doch in einem größeren Goldglanz. Es wurde mir auch eröffnet, daß der ganze Engelshimmel unter jener Sonne sei und daß die Engel des dritten Himmels sie beständig sehen, die Engel des zweiten Himmels des öfteren, und die Engel des ersten oder untersten Himmels zuweilen."

„Die Engel können die Liebe selbst nicht mit ihren Augen wahrnehmen, sondern da Liebe und Feuer einander entsprechen, sehen sie statt der Liebe das, was ihr entspricht. Die Engel haben nämlich ebenso wie die Menschen ein Inneres und Äußeres. Was denkt und weise ist, will und liebt, stellt ihr Inneres dar, was empfindet, sieht und handelt, ihr Äußeres. All dies aber ist Entsprechung des Innern, – jedoch geistige Entsprechung, nicht natürliche. Die göttliche Liebe wird auch als Feuer empfunden von den Geistigen. Daher kommt es, daß das Feuer, wo es im Worte Gottes erwähnt wird, die Liebe bezeichnet. Das heilige Feuer in der Israelitischen Kirche hatte diese Bedeutung. Aus dem gleichen Grunde pflegt man auch Gott im Gebet darum zu bitten, er möge mit himmlischem Feuer, das heißt, mit Seiner göttlichen Liebe das Herz entzünden."

„Der Mensch drang mit seinem Denken nicht tiefer ein als in das Inwendigere und Reinere der Natur. Deshalb bildeten sich viele ein, daß die Wohnungen der Engel und Geister im Äther seien, andere auf Sternen, also innerhalb der Natur und nicht oberhalb oder außerhalb derselben. In Wirklichkeit jedoch sind die Engel und Geister ganz ober- oder außerhalb der Natur in ihrer eigenen Welt unter einer anderen Sonne. Und weil in ihrer Welt der Raum nur eine Scheinbarkeit ist, wie oben gezeigt wurde, so kann man nicht sagen, daß sie im Äther oder auf Sternen lebten. Vielmehr sind sie mit dem Menschen zusammen, verbunden mit der Neigung und dem Denken seines Geistes. Denn der Mensch ist ein Geist, und aus diesem denkt und will er. Deshalb ist die geistige Welt da, wo der Mensch ist, und durchaus nicht räumlich von ihm entfernt. Mit einem Wort: jeder Mensch ist dem Inwendigen seines Gemütes nach in jener Welt unter den Geistern und Engeln, und er denkt aus ihrem Licht und liebt aus ihrer Wärme."

„Was nun die Sonne anlangt, von der die Engel Licht und Wärme haben, so erscheint sie in einer mittleren Höhe von ungefähr 45 Grad über den Erden der Engel und in ähnlicher Weise von den Engeln entfernt wie die Sonne der Welt von den Menschen. Doch erscheint die Sonne der geistigen Welt beständig in gleicher Höhe und Entfernung und bewegt sich nicht von dort weg. Daher haben die Engel keine in Tage und Jahre abgeteilten Zeiten und auch kein Fortschreiten des Tages vom Morgen durch den Mittag gegen den Abend in die Nacht, und ebenfalls kein Fortschreiten des Jahres vom Frühling durch den Sommer gegen den Herbst in den Winter, sondern beständiges Licht und beständigen Frühling."[12]

Wollen wir uns schließlich eine Vorstellung davon machen, welche Rolle Swedenborg in der Geschichte des religiösen Denkens zufällt, so rufen wir uns am besten die religiösen Führer der Menschheit in Erinnerung. Buddha wurde durch sein gütiges Leben den

Völkern des Ostens zum leuchtenden Vorbild. Konfuzius lehrte durch seine Moralgesetze, Mohammed trug seine Botschaft von dem einen Gott, neben dem es keine anderen Götter gibt, mit Feuer und Schwert in Gebiete, die bis dahin dem Götzendienst ergeben waren. Swedenborgs Streben galt der Darlegung vernünftiger, klarer Glaubenslehren, die zum Schutze der Religion gegen Unwissenheit, brutale Gewalt und gegen die Machtgelüste solcher Menschen notwendig sind, die die Religion lediglich als ein Mittel zur Unterdrückung ansehen. Die zuerst genannten Persönlichkeiten besaßen bei aller Aufrichtigkeit ihrer Bestrebungen nicht die nötige wissenschaftliche Bildung und Kenntnis der menschlichen Natur; sie verfügten daher nicht über die allgemeingültigen Wahrheiten. Diese allein vermögen die Gesellschaft davon abzuhalten, Geist und Leib der Menschen stets von neuem durch falsch verstandene Dogmen in Fesseln zu schlagen.

Als Martin Luther gegen die abergläubischen Gewohnheiten des Mittelalters protestierte, erstand daraus die Reformation. Wesley durchbrach die Formenerstarrung der Anglikanischen Kirche – heute erstreckt sich der begeisterte Dienst seiner Nachfolger über die Menschheit der ganzen Erde. Viele der grundlegenden kirchlichen Lehren aber sind unverändert geblieben. Ein hervorragender Vertreter der Katholischen Kirche, Kardinal Newman, dessen „Apologia“ ich vor Jahren aufmerksam gelesen habe, hat tiefgreifende Widersprüche im protestantischen Lager aufgezeigt, die von allen Protestanten mutig ins Auge gefaßt werden sollten. Swedenborg brachte allen Bekenntnissen der Christenheit eine Fülle neuer Wahrheiten; er war der Herold eines neuen Zeitalters der Gottesverehrung. Beachten wir in diesem Zusammenhang die Bemerkungen des römisch-katholischen Theologen Prof. Johann Joseph von Görres. Er schreibt:

„Die ganzen umfangreichen Werke Swedenborgs hindurch erscheint alles einfach und einheitlich, besonders was den Stil des Schreibers betrifft, der kein Streben kennt, seiner Phantasie freien Lauf zu lassen, nichts Phantastisches . . . In der Pflege von Wissenschaft, Aufrichtigkeit und Einfachheit des Herzens liegen die notwendigen Erfordernisse zum Erreichen dauerhafter Erfolge. Wir finden bei Swedenborg nie, daß er jenem Stolz erlag, durch dessen Einfluß so manche großen Geister zu Fall gekommen sind; er blieb stets der gleiche bescheidene Geist und verlor nie – weder durch Erfolge noch sonstwie – sein geistiges Gleichgewicht."

Welche Meinung man sich auch immer über Wesen und Wert der Swedenborgschen Angaben bilden mag, eines ist offensichtlich: sein Erleben ist schlechthin einzigartig. Kein anderer Mensch mit derart umfassender Kenntnis auf allen Gebieten der Wissenschaft seiner Zeit hat je behauptet, über ein Vierteljahrhundert lang in beständiger Verbindung mit der anderen Welt gestanden zu haben und dabei noch im ungeschmälerten Besitz all seiner normalen Fähigkeiten gewesen zu sein. Zu allen Zeiten gab es Menschen, die gelegentliche oder auch häufigere Einblicke in die geistige Welt hatten. Moses widerfuhren Visionen des lebendigen Gottes, und er wurde dazu ausersehen, die heiligen Symbole des jüdischen Kultes zu offenbaren. Er erkannte die Bedeutung seines Auftrages, sein Volk aus Sklaverei zu neuer politischer und religiöser Eigenständigkeit zu führen; aber er hatte noch keinen Sinn dafür, daß in der ihm aufgetragenen Botschaft die göttliche Offenbarung für die ganze Menschheit eingebettet lag. Auch die Propheten hatten Gesichte und hörten Stimmen, aber weder Jesaja noch Jeremia oder Daniel sahen deutlich die höheren Wahrheiten, die sie allen Völkern in Gleichnissen zu übermitteln hatten; sie sahen meist nur die enge geschichtliche Bedeutung ihrer Botschaft. Der Apostel Paulus erfaßte teilweise den geistigen Sinn des göttlichen Wortes. Seine Briefe sind lehrreicher als die der anderen Apostel zusammen. Er wurde in den dritten Himmel entrückt, konnte aber nicht in Worte fassen, was er dort schaute. Ja, er wußte nicht, ob er dabei in seinem Leibe oder außer ihm gewesen war. Diese Beispiele stellen sozusagen Berichte von lokalen Verhältnissen eines fremden Landes dar, während Swedenborg bei Bewußtsein in jenes Land eingelassen und durch anhaltende Beobachtung instand gesetzt wurde, Leben und Gesetze des Himmels, der Geisterwelt und der Hölle bekannt zu machen. Johannes, der Apostel der Liebe, erlebte in Visionen den zukünftigen Zustand der christlichen Welt und die Herrlichkeit einer neuen Menschheit. Was er im Gleichnis schaute, sah Swedenborg in Wirklichkeit und wurde damit Zeuge der Erfüllung jener prophetischen Bilder. Ja, er erklärte jede Szene, so daß die Offenbarung des Johannes seitdem kein versiegeltes Buch mehr ist; sie liegt offen vor uns, ihre Siegel erbrochen und ihre Botschaft erstrahlend im Glanz der Zweiten Ankunft des HERRN!

„Ein unglaublicher Anspruch!" wird man hier möglicherweise ausrufen. Und doch erscheint er mir weniger unglaubhaft als beispielsweise die Behauptung, daß ein Stratforder Bürger[13], von dem es heißt, daß er fast ohne klassische Bildung und irgendwelche besonderen Vorzüge gewesen sei, 27 unsterbliche Dramen geschaffen habe. Emanuel Swedenborg mit seiner „umfassenden, unleugbaren Bildung" behauptete, daß er der von Gott erwählte und vorbereitete Interpret der Gleichnisse, Symbole und Geheimnisse der Bibel war. Die Einflüsse einer anderen Welt, die wir so oft lebendig „fühlen", hat er erklärt und die öden Formen unseres Lebens mit ganz neuen Gedanken über Wille und Kraft, Weisheit und Freude erfüllt. In dieser Form kündigte sich die Wiederkunft Christi an, die in einem Kommen zum Menschen mittels einer Lehre vom rechten Leben und wahren Denken besteht. Wer dies unglaubhaft findet, der sollte bedenken, daß das die meisten Leute von allem Außergewöhnlichen behaupten.

Schon um 1880 waren sich ein paar Männer darüber klar, daß alle Voraussetzungen für den Bau sicherer Flugmaschinen bestanden; aber niemand wollte auf sie hören, einfach weil so etwas noch nie dagewesen war. So verwirklichte sich der Gedanke des Fliegens nur langsam als die Errungenschaft einer kleinen, treuen Minderheit, die in einer Atmosphäre der Lächerlichkeit arbeitete. Ähnlich liegen die Verhältnisse auch auf anderen Gebieten. Wir wissen zum Beispiel, daß es möglich wäre, die Weltwirtschaft so zu planen und zu gestalten, daß wir alle durch die Erzeugung von Hilfsmitteln und Annehmlichkeiten reicher, freier und glücklicher sein könnten. Ebenso wäre es möglich, die ganze Erziehung so anzulegen, daß sie zur Vorbereitung für ein wahrhaft schöpferisches Dienen würde. Wir wissen, daß die internationalen Schwierigkeiten unserer Zeit, die Feindschaft zwischen den Völkern, die ständige Kriegsgefahr, weitgehend ihren Grund in falschen geistigen Einstellungen haben, die durch Vermittlung neuer Ideen, beharrliche Schulung und selbstlosen Einsatz für die Menschheit beseitigt werden könnten. Doch auch sogenannte gebildete Leute stehen solchen sozialen, politischen und geistigen Ideen ungläubig gegenüber, obwohl sie noch bei ihren Lebzeiten deren Verwirklichung miterleben könnten. Die kleine Gruppe von Gläubigen, die um diese Dinge wissen, muß weiterkämpfen, muß standhaft Zeugnis ablegen für die erkannte Wahrheit in den Schulen, Gerichten, Werkstätten, Ämtern und

Behörden; was sind sie anderes als auf ihre Weise Boten der Zweiten Ankunft des HERRN?

Auch die Weltereignisse scheinen dieser ungeheuren Bedeutung voll. Die Völker sind wirtschaftlich so abhängig voneinander geworden, daß der Krieg mehr denn je Wahnsinn wäre. Der Druck der äußeren Verhältnisse will die Menschheit die Notwendigkeit lehren, in Frieden und Brüderlichkeit zu leben. Vor etwa 150 Jahren entdeckte der Mensch den Nutzen von Kohle und Dampf zur Massenherstellung von Gütern und zu deren Transport über Land und Meer. Bald folgten drahtlose Telegraphie, Telephon und neue Maschinen für die verschiedensten Zwecke; später kamen Radio, Flugzeug und Unterseeboot dazu. Nach Gottes Willen umspannen diese drei gewaltigen Ringe von Eisen, Kohle und Elektrizität die ganze Erde, um alle Völker zu einer großen Arbeitsgemeinschaft zusammenzuschließen.

„Wie kann ich aber einen so kühnen und beispiellosen Autoritäts-Anspruch hinnehmen, der im Widerspruch zu allem sonst von mir Beobachteten zu stehen scheint?" fragt wiederum jemand. Es ist freilich wahr: wenn wir die Werke anderer Autoren lesen, so können wir uns an anerkannte Regeln für die Kritik halten. Bei Swedenborg liegen die Dinge anders. Es entspricht der Natur seines Falles, daß wir wenig oder nichts von den seelischen Zuständen wissen können, in die er versetzt wurde, abgesehen von seinen eigenen Berichten darüber. Wenn überhaupt, so vermag uns nur sein eigenes Zeugnis zu überzeugen.

Für mein Erleben ist das nichts Neues. Infolge meiner Blindheit und Taubheit bin ich ja täglich gezwungen, unbedingtes Vertrauen in meine Freunde zu setzen, die mir ihre Augen und Ohren leihen, obwohl sie mir sagen, wie oft ihre Sinne sie täuschen und in die Irre führen. Dennoch gewinne ich aus ihrem Zeugnis viele kostbare Wahrheiten, die mir meine Welt aufbauen helfen und mich instand setzen, mir ein Bild von der Schönheit des Firmaments zu machen und dem Gesang der Vögel zu lauschen. Alles um mich herum mag Schweigen und Dunkel sein, doch in mir, in meiner Seele, tönt Musik, leuchtet Licht und glänzen Farben. Auf ähnliche Weise verhilft mir Swedenborgs Zeugnis zu einer Vorstellung des Jenseits. Und wenn ich einst im Tode meinen Leib aus Erde verlasse, der mir – so wunderbar er auch ist – doch als Kerker erscheint, so wird diese himmlische Welt die hohen Ansprüche meines Geistes erfüllen.

Vielleicht kann ich noch eine andere Betrachtungsweise anregen, die uns die Behauptungen Swedenborgs besser verstehen läßt. Die Wissenschaft berichtet uns von jener eigentümlichen, kleinen Dunkelkammer im Gehirn, in die Sonne und Sterne, Erde und Meer auf den Schwingen des Lichtes hineingetragen werden, und daß dann die Seele aus ihrem Verborgenen heraustritt, um im Dämmerschein Zwiesprache mit ihnen zu halten; denn nur Er, der Schöpfer aller Dinge, kann ihre unverschleierte Herrlichkeit erblicken. Wir Menschen könnten ihren unverhüllten Glanz nicht ertragen. Das ist der Grund, weshalb wir auf alles nur wie „mittels eines Spiegels, in rätselhafter Gestalt, blikken“[14] dürfen und gleichsam nur Schatten in einer schlecht beleuchteten Kammer wahrnehmen. Warum tritt der Mensch den „dunklen Geheimnissen“ des Himmels so voller Skepsis gegenüber, da er doch nicht einmal viel von den Dingen der Erde erfaßt, und das Wenige auch nur mit verschleierten Sinnen? Warum sollte die Seele nicht ebenso frei in die grenzenlosen Bereiche der Unsterblichkeit blicken können und die trüben Augen des Leibes mit dem feinen Instrument der Wahrheit vertauschen können? Diese Überlegung könnte uns immerhin einen Schlüssel zu Swedenborgs Berichten von der anderen Welt bieten. Er sagt: Es ist der innere Mensch, der sieht und wahrnimmt, was um ihn vorgeht, und allein aus diesem inneren Ursprung haben Gefühl und Sinneswahrnehmung ihr Leben. Aber das Vorurteil, als hänge alle Sinnenerfahrung des Menschen vollständig von äußeren Eindrücken ab, ist so allgemein, daß es nur durch starke Übung der Konzentrationsfähigkeit als solches erkannt werden kann. Ich selbst bin von dieser Täuschung nicht besonders geplagt worden, weil ich ja ständig auf meine Gedanken und auf meine Vorstellungskraft angewiesen war. Aber meine Umgebung liefert mir oft den Beweis, daß sie ihr verfällt, beispielsweise wenn Menschen ihre Überraschung darüber äußern, daß ich imstande bin, Musik und Blumen oder schöne Landschaftsbeschreibungen zu genießen. Wenn es schon unglaublich schwer zu erklären ist, welche Möglichkeiten Tastsinn und Geruch vermitteln, wie sollen die Menschen sich da ein zutreffendes Bild von Swedenborg machen können, der über seine leiblichen Fähigkeiten des Sehens und Hörens hinaus auch seine „geistigen Sinne" in einem so außergewöhnlich Maße zu gebrauchen wußte, daß er den engen Ring der sinnlich wahrnehmbaren Dinge zu einem beinahe grenzlosen Horizont erweitern konnte?

IV

DER GEISTIGE SINN DER HEILIGEN SCHRIFT

DIE BIBEL ist der Bericht vom Suchen des Menschen nach Gott und von seinem Streben, in Einklang mit Gottes Gesetzen zu leben. Die Theologen aller Zeiten haben sich bemüht, die jeweiligen Anschauungen der Menschen über Gott und ihre unbeständigen Ansichten von seiner Welt in einer bleibenden Form festzuhalten. Daraus erklären sich viele Widersprüche im Buchstabensinn der Bibel und zugleich manche Mißverständnisse des Wesens und der Absichten Gottes. Die Bibel erzählt von des Menschen unschlüssigem Anfang, seiner allmählichen Entwicklung und schließlich von der Herrlichkeit des Evangeliums Christi. Ich sehe die Bibel als eine Art geistiger „Ilias" an, die viele tausend Jahre umfaßt und viele Völker berührt – eine wunderbare, mannigfaltige Geschichte, in der an gewissen Stellen rein menschliche Vorstellungsweisen und dunkle Perioden des Materialismus das Bild Gottes entstellen, während in erleuchteten Zeiten das Antlitz Gottes über der Welt erstrahlt und Licht wirft auf Himmel, Erde, Wasser und den Menschengeist. Aus dem Chaos menschlichen Erlebens wird hin und wieder ein einzelner Mensch emporgehoben zur Höhe geistigen Bewußtseins. Je weiter die Entwicklung des Menschen fortschreitet und seine sich langsam entfaltende Einsicht wächst, desto häufiger werden solche Höhepunkte sichtbar; aber sie gleichen einander nie völlig. Jeder einzelne wird zu einem Lichtbringer. Aber das Licht wird durch die menschlichen Mittler so unendlich verschiedenartig weitergegeben, daß zuweilen sein göttlicher Ursprung nur schwer zu erkennen ist.

Wie alle Dinge auf Erden Wirklichkeiten einer anderen Welt darstellen und vorbilden, so ist die Bibel ein einziges mächtiges Gleichnis vom geistigen Leben der Menschheit. Die Gestalten kommen und gehen: die Gesetzgeber, die Könige, die Propheten – die Seiten füllen sich mit ihrer Geschichte. Einem Strome gleich ziehen die Geschlechter in endlosem Zuge vorüber, betend, weinend, die Städte mit ihrem Jubel und Lärm erfüllend. Getrieben von den schlimmen Phantasien ihres Herzens errichten sie sich geschnitzte Götzenbilder, fallen sie durch das Schwert und trauern in der Gefangenschaft ob der Menge ihrer Übertretungen; gehorsam beugen sie sich dem Willen Jehovas, dann wieder überschütten sie ihre Feinde mit Verwünschungen. Sie bauen, sie heiraten, sie zerstören, singen Loblieder zu Ehren Gottes und bringen ihm Opfer dar, schließlich aber kreuzigen sie ihren Heiland.

In einem Buche, an dessen Entstehung viele Generationen beteiligt waren, sind Widersprüche unvermeidlich, und doch ist die Bibel der wichtigste Bericht vom Tasten des Menschengeistes nach dem Ewigen, den wir besitzen. Es war Swedenborgs Aufgabe, das Gold darin von den Schlacken zu reinigen, das Gotteswort von den Menschenworten. Er hatte eine besondere Gabe, die Gleichnissprache der Bibel zu deuten, ähnlich wie Joseph im Lande seiner Gefangenschaft durch seine Gabe imstande war, die tiefe Bedeutung der Träume des Pharao zu enthüllen. Während die Theologen ihre Unwissenheit mit vielen Worten verbrämten und hilflos vor den Vorhängen des heiligen Schreines standen, zog Swedenborg sie mit seiner feinen Einfühlungsgabe beiseite und enthüllte das Allerheiligste in all seiner Herrlichkeit.

Von der schlichten und unmittelbar erhebenden Geschichte, wie der HERR auf die Erde kam, einen fleischlichen Leib annahm, und als Mensch unter Menschen wohnte, hatte sich die Kirche abgewandt und bot anstelle der wundersamen Wirklichkeit Phantastereien, durch welche sie unrettbar in metaphysische Gespinste verwickelt wurde. Die leuchtende Wahrheit vom Göttlich-Menschlichen wurde verzerrt, aus dem Zusammenhang gerissen und bis zur Unkenntlichkeit zerlegt. Der Glaube an den HERRN aber drohte über dem tödlichen Streit verloren zu gehen. Swedenborg fügte die zerbrochenen und zerstreuten Teile zusammen, gab ihnen ihre ursprüngliche Gestalt und Bedeutung zurück und schuf so „eine neue Verbindung mit Gott in Christus“. Er war kein Zerstörer, sondern ein göttlich-inspirierter Deuter, ein von Gott gesandter Prophet. Seine eigene Botschaft beweist es überzeugender als irgendwelche Darlegungen seiner Nachfolger. Seiner mächtigen Persönlichkeit kann man nicht entrinnen und das Lesen seiner Werke erfüllt uns mit Anerkennung und Freude. Er schuf keine neue Bibel, aber er machte die Bibel neu! Wer seine Lehren aufnimmt, gewinnt damit einen großen geistigen Schatz.

Der erste und letzte Gedanke Swedenborgs in all seinen Schriften besteht in dem Nachweis, daß in der richtig gelesenen und ausgelegten Bibel der wahrste und erhabenste Begriff von Gott zu finden ist, den wir Menschen überhaupt denken können. Der menschliche Geist ist in den meisten Fällen so aufgebaut, daß er eine Art Geheimkammer enthält, wo das aufbewahrt wird, was mit der Religion zusammenhängt. Dessen Mittelpunkt bildet gleichsam die Gottesvorstellung. Sieht diese Vorstellung falsch und grausam aus, so nimmt alles, was von ihr abhängt, folgerichtigerweise etwas von diesen Eigenschaften an. Das Höchste in uns ist zugleich auch unser Innerstes und der eigentliche Kern unseres Glaubens, unserer Gedanken und unserer Lebensordnungen. Als deren Seele formt sie alles nach ihrem Ebenbild. Wenn eine solche falsche Gottesvorstellung zur Ebene des täglichen Lebens hindurchdringt, bemächtigt sie sich der Wahrheiten, die sie im Menschen vorfindet, und steckt sie an mit ihrer Grausamkeit und ihrem Irrtum. Ein Beispiel dafür bietet uns das alte Indien, wo eine hochintellektuelle Kaste den Lebensweg für alle Menschen vorzuschreiben suchte und den Grundsatz aufstellte, daß man, um Gott gleich zu sein, alle menschlichen Regungen, Pflichten und Beziehungen hinter sich lassen müsse. In dem Augenblick, da man völlig leidenschaftslos geworden sei und keinerlei Gedanken oder Interesse mehr an etwas Äußerliches wende, werde man Gott gleich, – aufgenommen in das Unendliche und bereit für eine andere Welt. Dies ist ein extremer Fall, aber er beleuchtet jene Abarten des Glaubens, die der Menschheit schädlich sind. Sie erdichten angebliche Vollkommenheiten, leiten zu Andachtsgefühlen und Zeremonien an, die nicht das Wohl der Menschen zum Ziele haben, sondern zu einem Ersatz für ein rechtschaffenes, nützliches Leben werden. Sie verdunkeln die echte Sittlichkeit und stellen sie in den Dienst eines höchsten Wesens, das zwar unterwürfig angebetet wird, aber in Wahrheit die Guten und Weisen abstößt.

Noch vor einer anderen geistigen Gefahr warnt Swedenborg seine Leser häufig: vor einem unklaren Denken über Gott. Er betont, daß einfache Leute mit all ihren Irrtümern und ihrem Aberglauben oft weiser über Gott, Seele und Unsterblichkeit denken als viele Gebildete, die bei all ihrem Wissen weder in der Natur noch in ihrem eigenen Herzen einen göttlichen Sinn zu erblicken vermögen. Wie erregend bedeutsam werden einem da die Worte des Propheten Jeremia, die den tastenden Gläubigen stützen sollen: „So spricht der HERR: «Nicht rühme der Weise sich seiner Weisheit, und nicht rühme der Mächtige sich seiner Macht; nicht rühme der Reiche seines Reichtums sich. Sondern wer sich rühmen will, der rühme sich, daß er verständig ist und Mich erkennt, daß Ich Jehova bin, der Barmherzigkeit und Recht und Gerechtigkeit auf Erden übt; denn daran habe Ich Wohlgefallen», spricht der HERR".

Eine verschwommene Vorstellung von einem unsichtbaren Gott, sagt Swedenborg, „hat keine bestimmte Form und muß sich darum schließlich in Nichts auflösen. Die Vorstellung von Gott als Geist bleibt völlig leer, solange man unter Geist etwas wie Äther oder Lufthauch versteht. Dagegen ist es richtig, sich Gott als einen Menschen – freilich als das Urbild des Menschen – vorzustellen; denn Gott ist göttliche Liebe und Weisheit mit allen Eigenschaften, die dazu gehören. Liebe und Weisheit aber sind an den Menschen gebunden und nicht an einen Äther oder Lufthauch".

Wiederum lesen wir: „Denkt jemand an das Göttliche, wie es in sich ist, ohne die Vorstellung des Göttlich-Menschlichen, so denkt er verschwommen. Eine verschwommene Vorstellung aber ist überhaupt keine Vorstellung. Denkt sich jemand aber das Göttliche nach der Weise des sichtbaren, aber unbegrenzten Weltalls oder macht er sich sonst eine Vorstellung davon, die sich im Dunkel verliert, so gleicht sein Denken dabei dem der Naturanbeter. Es verliert sich in der Natur und ist überhaupt keine Vorstellung mehr".

Verstehen wir das dreifache Wesen des Menschen richtig als Seele, Verstand und Leib, so werden wir finden, daß alle seine Wahrnehmungen ihren Weg durch die Vorstellungskraft nehmen, und daß die Seele sie dann mit Leben und Sinn erfüllt. Der Geist Gottes birgt in sich das Bild des Menschen und des Universums. „Gott schuf den Menschen in Sein Bild nach Seiner Ähnlichkeit", wie auch der Mensch seinerseits aus seinem Innersten Gedanken formt und sie in seinem Geist, in seinem Körper und in der Welt verwirklicht, geistige Formen, die den Stempel seiner einmaligen Individualität tragen. Es ist eine bekannte Tatsache, daß der Künstler seine schönsten Bilder im Geiste schaut, ehe er sie malt. In ähnlicher Weise projiziert die Seele ihre Urbilder in die Gedankenbilder oder Symbole, und so entsteht die universelle und einzig wahre Sprache. Könnte man beispielsweise seine Freude, seinen Glauben oder den geistigen Eindruck von einem Sonnenaufgang den Mitmenschen in sichtbarer Form unmittelbar darstellen, wie viel befriedigender wäre das als die vielen Worte und Sätze der gewöhnlichen Sprache, die wir dafür brauchen!

Die Tränen kamen mir, als ich einmal ein chinesisches Relief betastete, das ein Symbol des Glückes darstellte. Keine noch so eingehende Beschreibung hätte eine solche Wirkung auf mich auszuüben vermocht. Es war das Bild eines Mannes, der sich über ein Reisfeld beugt, es mit seinem Munde berührend. Wie eindringlich wird einem da die Tatsache bewußt, daß die Chinesen vom Reis abhängig sind und Millionen von ihnen unweigerlich dem Hungertode verfallen, wenn ihre Felder überschwemmt werden und die Ernte verdirbt. Viele Gedanken, in ein einziges Symbol zusammengefaßt, gewinnen eine Kraft, die durch erklärende Worte leicht abgeschwächt wird. Die Franzosen sagen: „Worte sind dazu da, um die Gedanken zu verbergen". Ruskin nennt an einer vielsagenden Stelle in „Sesam und Lilien" die Worte Masken, die den Geist vom Wesentlichen ablenken.

Die Bibel nun ist weitgehend in dieser Universalsprache geschrieben. Die Christen wußten das freilich schon vor Swedenborgs Zeit. Sie waren vertraut mit den „dunklen Worten" und „Gleichnissen", dennoch waren ihnen, wie auch den meisten von uns, viele Abschnitte und insbesondere die „Offenbarung" völlig unverständlich. „Fürwahr, ein verborgener Gott bist Du, Du Gott Israels, der Heiland", – das beschreibt genau die Verborgenheit mancher Wahrheiten des göttlichen Wortes. Das Volk Israel kannte Gott nicht, es sei denn in der

Wolke und Feuersäule, die vor ihnen hergezogen waren, oder durch den „Stab seiner Macht“, mit dem er sie regierte. Als er sich als Mensch auf Erden sichtbar machte, nannten sie ihn einen Verbündeten des Obersten der Teufel! Sogar seine eigenen Jünger verstanden sein Ziel nicht und stritten untereinander, wer wohl der Größte in seinem Reich sein würde. Sein Werk der Liebe mißdeuteten sie als einen Eroberungsplan zur Mehrung seines persönlichen Ansehens. Ein Schleier liegt für unsere Augen über all seinen Wegen! Selbst seine eigentliche Offenbarung ist wie in Wolken gehüllt. Das Wort, das ihn zeigen soll, wie er ist, umkleidet ihn mit all den Beschränkungen einer endlichen Menschennatur, so daß wir ganz widerspruchsvolle Eindrücke seiner Eigenschaften gewinnen. Er ist einerseits unendlich und ewig, und doch werden ihm anderseits unsere menschlichen Leidenschaften und unsere Unwissenheit zugeschrieben. Sagt er an einigen Stellen der Bibel: „Ich habe keinen Grimm“, „Ich bin nicht zornig; ihr reizet euch auf zum Zorn“, so überschüttet er doch nach anderen Aussprüchen der Bibel die Erde mit seinem Grimm. Er wird dargestellt als ein Gott, der „sich nicht gereuen läßt“, und der sich doch gereuen läßt. Er gibt einem jeden Menschen nach seinen eigenen Werken und sucht doch die Sünden der Väter an den Kindern heim. Die Reihe solch scheinbarer Widersprüche ist so lang, daß man gut verstehen kann, daß viele Leute in einem derartigen Durcheinander unvereinbarer Begriffe keine rechte Ordnung zu erkennen vermögen. Wenn wir an einen Gott der Liebe glauben, wie können wir ihn uns dann zornig, launenhaft oder wankelmütig vorstellen? Die Schuld an solchen Auffassungen trägt die Barbarei jener Zeiten, in denen die Bibel entstand.

Swedenborg entwickelt eine vernunftgemäße Philosophie der Offenbarung. Er weist nach, daß jede neue Offenbarung Gottes sich den Zuständen und der Fassungskraft der Menschen anpassen muß, die sie aufnehmen sollen – ähnliches gilt auch für den Bereich der Wissenschaft. So zeigt Swedenborg, daß die Ausdrucksweise der Heiligen Schrift im Wortlaut eine Anpassung der göttlichen Wahrheit an die Mentalität sehr primitiver, sinnlicher oder verdorbener Menschen darstellt. Hinter dem Buchstaben liegt ein geistiger Sinn verborgen, welcher der viel tieferen Einsicht der Engel angepaßt ist, denn auch sie lesen Gottes Wahrheit und verbinden dabei ihre Gedanken mit den unsrigen, obschon sie selbst unsichtbar bleiben. In diesem tieferen Sinn liegt die Fülle der göttlichen Wahrheit. Was könnten wohl meine Freunde mit meinen Worten anfangen, wenn sie sie rein buchstäblich nähmen? Müßten sie mich nicht für verrückt ansehen, wenn sie sich an die Außenseite meiner Worte hielten und daraus folgerten, ich dächte wirklich, daß die Sonne „auf- und untergeht", die Erde „flach" ist, oder daß ich trotz meiner Blindheit nicht im Dunkeln lebe, sondern vieles „sehe"? Meine Freunde hören aber in erster Linie auf den Sinn meiner Rede, nicht auf die Worte oder vielmehr auf die sinnlichen Erscheinungen, von denen jene sich herleiten.

Eine ganz ähnliche Methode nun wendet Swedenborg an, um den tieferen Sinn des Wortes Gottes herauszufinden. Wenn ein stumpfer, vielleicht böser Mensch in der Bibel liest, daß Gott dem Gottlosen immerfort zürne, so erscheint Gott in der Tat klein und ungöttlich. Ein Mensch mit Verstand und Herz aber sieht, daß das ein Reden nach dem bloßen Schein ist und daß hier in Wirklichkeit eine „Projektion" unseres eigenen Zornes untereinander auf Ihn vorliegt, und daß wir die Strafe, die wir Ihm zuschreiben, in Wirklichkeit über uns selbst gebracht haben. Es gibt freilich auch den Zorn des Gerechten, der sich bald legt und sich als züchtigende Liebe erweist. Gott aber ist nicht einmal harter Strenge fähig, und Er sagt das seinem Volke auch immer wieder. Wenn wir wirklich in die Bibel eindringen, und dabei eine Hülle um die andere abstreifen, entdecken wir einen Sinn, der dem wahren Wesen Gottes immer besser gerecht wird. Er hat den Menschen nicht geschaffen, um ihn dann zu verraten und aus dem Garten Eden zu vertreiben. Er stellt nicht Gesetze auf, um sie selber zu brechen und die Schuld auf seine Geschöpfe zu schieben. Warnend erhebt Er wieder und wieder seine Stimme, aber er wirft niemanden in die Hölle oder verläßt ihn. Es ist der Mensch, der ihn dazu zwingt, die Gebote in einer Sprache abzufassen, die dem menschlichen Verständnis angepaßt ist, so daß er darnach handeln kann. Swinburne empfand unbewußt seine Gegenwart, als er die folgenden Zeilen schrieb:

„O meine Söhne, ihr dienet allzu eifrig Göttern,
die mir fremd sind,
War ich nicht schön genug?
War es so schwer, frei zu sein?
Denn seht: ich bin bei euch, bin in euch und
ein Teil von euch.
Hebt eure Augen auf und sehet!"

Wer kann je das Unrecht ermessen, das täglich zum Himmel aufgetürmt und auf diese unaussprechlich schöne, alles erduldende Gottheit geworfen wird! Nicht Er verbirgt sich in Wirklichkeit vor uns, sondern die menschliche Selbstsucht und ihre verkehrte Ausdrucksweise verbirgt ihn.

Dies alles mußte gesagt werden, weil wir eine klare, unverdunkelte Vorstellung vom Wesen Gottes brauchen, wenn wir die Symbole seines Wortes im Zusammenhang lesen und verstehen wollen. Nach Swedenborgs Lehre handelt der geistige Sinn ausschließlich von der Seele und ihren Bedürfnissen und Nöten, ihren Wandlungen und Erneuerungen, nicht aber von geschichtlichen Zeiten, Ländern und

Städten und geschichtlichen Personen. Wenn wir von Bergen und Flüssen, Lämmern und Tauben, Donner und Blitz, von einer goldenen Stadt und Edelsteinen und vom Baum des Lebens mit seinen heilkräftigen Blättern lesen, dann sollen wir wissen, daß sie die genauen Entsprechungen der geistigen Grundlagen bedeuten, die in ihnen zur sichtbaren Darstellung kommen. Sie bezeichnen die Neigungen und Gedanken, aus denen die Seele einen ähnlichen Nutzen zu ziehen vermag wie der Körper aus ihren Darstellungen im Natürlichen. Diese Regel der Bibelauslegung wurde von Swedenborg 27 Jahre lang angewendet, und er mußte dabei keine einzige seiner Behauptung über den Sinn bestimmter Schriftstellen, die er in seinem ersten veröffentlichten Werk aufgestellt hatte, ändern oder korrigieren. Vom ersten bis zum letzten Buch der Bibel haben die gleichen natürlichen Gegenstände stets die gleiche geistige Bedeutung, und die Bedeutungen stimmen, wo immer sie angewendet werden. Ich weiß es, ich habe diesen Schlüssel ausprobiert, er paßt wirklich. Und dies Gesetz nennt Swedenborg das Gesetz der Entsprechungen, – Analogien zwischen den Formen der Natur und denen des Geistes. Man kann die Bibel das Weltgedicht nennen oder auch Gottes dem Endlichen angepaßte Botschaft an den Menschen.

Swedenborgs Werke – insbesondere die „Himmlischen Geheimnisse im Worte Gottes" – bestätigen vieles, was Ingersoll und andere Kritiker der Bibel über die Unzuverlässigkeit ihrer buchstäblichen Aussagen festgestellt haben. Aber eben diese Werke beweisen auch, daß der Wert der von den Kritikern bemängelten biblischen Aussagen sich aus einem anderen Gesichtspunkt ergibt, als aus dem ihrer historischen Zuverlässigkeit. Ich hatte reichlich Gelegenheit, die Fehlerhaftigkeit des Buchstabensinns im Lichte der modernen Wissenschaft kennenzulernen. Einige Geschichten sind in der Tat sehr seltsam und widersprüchlich; aber dessen ungeachtet habe ich bemerkt, daß ihnen ein Sinn innewohnt, der nicht aus ihren bloßen Worten, sondern nur aus deren Gleichnischarakter herausgelesen werden kann. Diese geistige Bedeutung bewährt sich in allen Abschnitten, wo sich Gleichnisse finden. Ein deutliches Beispiel hierfür findet sich im 78. Psalm:

„Ich will zu Sprüchen[15] meinen Mund auftun, will aus der Vorzeit Rätsel verkündigen, was wir gehört und vernommen und unsere Väter uns erzählt.“ Dann folgt im Psalm eine Zusammenfassung der Erlebnisse der Israeliten in Ägypten und auf ihrer Wanderschaft nach Kanaan. Dieser Bericht ist wirkliche Geschichte; aber hier werden diese Ereignisse „Rätsel“ genannt, die nur der Eingeweihte völlig fassen kann. Und welch tiefe Geheimnisse bergen sie! Sie beschreiben auf vollkommene Weise unseren Auszug aus Materialismus und Unwissenheit und unser langsames, schwieriges Fortschreiten zu einem glücklicheren Leben, das durch das schöne, fruchtbare Land Kanaan dargestellt wird. Dies ist nur ein Beispiel dafür, wie Swedenborg die Bibel stets als das Gefäß der göttlichen Wahrheit betrachtet.

Es ist bemerkenswert, daß Jean Astruc im Jahre 1753 in den Büchern Mose zwei oder mehrere Überlieferungs-Quellen entdeckte; denn gerade zu dieser Zeit veröffentlichte Swedenborg in London, ohne seine Verfasserschaft zu erwähnen, die „Himmlischen Geheimnisse im Worte Gottes. die nun enthüllt sind“, welche die beiden ersten Bücher Mose, Genesis und Exodus, erklären. Swedenborg glaubte nicht, daß die Heilige Schrift einen Bericht von der Schöpfung der physischen Welt oder einer buchstäblichen, historischen Sintflut geben wolle, oder daß die ersten elf Kapitel der Genesis von Einzelpersonen mit Namen wie Adam oder Noah handeln. Ihm boten sich diese Berichte von einer ganz anderen Seite dar. Kraft seiner geistigen Erleuchtung und mit Hilfe seiner Hebräisch- Studien konnte er erklären, daß jene frühen Abschnitte der Bibel in einem uralten, sinnbildlichen Stil einen Bericht über das geistige Leben der Menschheit geben von seinen Anfängen bis zur jüdischen Epoche. Das erste Kapitel enthält im Bilde der sieben Schöpfungstage sieben verschiedene Entwicklungsstufen, die der menschliche Geist durchlaufen mußte – aus seinen ersten dunklen und chaotischen Anfängen bis hinauf zum Zustand der schlichten Wahrheitserkenntnis und des Glückes, wie er im Garten Eden dargestellt ist. Und dieser Zustand dauerte an, bis die Selbstsucht Macht gewann und die Menschheit die Unschuld der Kindheit nach und nach verlor. Schließlich überflutete ein verderbtes Denken die Welt. Dann aber erwuchs ein tüchtigeres Geschlecht auf Erden – dargestellt durch Noah und seine Nachkommen in der Arche – und leitete ein neues Zeitalter ein. Die verstandesmäßigen Fähigkeiten nahmen nun rasch zu, und anstelle der reinen, intuitiven Stimme der Seele trat ein aus Wahrheitserkenntnis gebildetes Gewissen. Das Symbol dieser Menschheitsepoche war nicht mehr ein Garten Eden, sondern ein Weinberg. Das Menschengeschlecht wuchs heran wie die ehrgeizige Jugend und baute die gewaltigen Reiche des Ostens, die uns durch die Entdeckungen der Archäologie von Jahr zu Jahr besser bekannt werden. Die Kultur jenes Zeitalters war reich und umfaßte viele Gebiete, verfiel aber mit der Zeit. Vielgötterei und Götzendienst entstanden. Krieg und Gewalt drohten die Erde mit Ruinen zu bedecken, und eine neue Ordnung der Dinge wurde notwendig. Sie geschah durch die Errichtung der Jüdischen Kirche, die die Idee des Monotheismus am Leben erhielt, bis in der Fülle der Zeit das Christentum über der Welt aufdämmerte. Die erste Christliche Kirche oder Kultur aber war im wesentlichen nur eine Fortsetzung der Mosaischen Religion – voll roher Notbehelfe und mit einem Glauben, dessen Licht dem Schein von primitiven Talglichtern oder flackernden Fackeln glich und einer unruhigen Zeit angepaßt war. Schöne Bildwerke und sinnlich eindrucksvolle Riten, sowie das Szepter der kirchlichen Autorität, die doch nur am Rande des Glaubens stehen, wurden geradezu abergläubisch verehrt; der göttliche Sinn aber blieb dabei unbeachtet. So ging die verkehrt gesinnte Menschheit dieses Zeitalters dahin, und noch heute haben wir an den Folgen ihrer leidenschaftlichen Ausbrüche und an ihrer Untergangsstimmung zu tragen. Aber das strahlende Licht eines erleuchteteren Glaubens ist jetzt über der Welt aufgegangen und Schritt für Schritt vollzieht sich die Schöpfung eines neuen Menschen. Ja ein Sabbath des Friedens bereitet sich vor, der in alle Herzen und auch in die äußere Schöpfung einziehen und die Herrschaft selbstsüchtiger, blinder Triebe auf immer zum Verschwinden bringen wird. In dieser Schau erweist sich die Bibel als ein großartiges, allumfassendes Gleichnis. Von Anfang bis zum Ende kann man in ihr Aufschluß über unser Leben mit seinen verschiedenen Entwicklungsstufen finden, – unsere erste Unschuld, unsere jugendlichen Abwege, unsere rettende Bekehrung und all die unausdenkbaren Möglichkeiten des Dienens und der Freude. So ergibt sich ein vollständiger Kreis von Paradies zu Paradies, – „der Erdkreis, auf welchem der HERR trohnt immerdar“. Die begrenzte Sprache und die unvollkommenen Denkformen längst vergangener Tage sind nur der Körper einer himmlischen Botschaft, die uns verkündet, daß Gott unausgesetzt bei uns ist und uns neue und höhere Gaben und Fähigkeiten verleiht.

Eine höhere Kritik der Bibel – das heißt eine Kritik, die zu den geistigen Grundlagen der Bibel vordringt – nimmt nach Swedenborgs Darlegungen kein Jota noch Strichlein von deren wesentlicher Bedeutung hinweg, sondern korrigiert nur irrtümliche Anschauungen der einstigen jüdischen Schreiber.

Bei dieser Anschauungsweise besteht also kein Widerstreit mit dem wachsenden Tatsachenmaterial der Altertumsforschung, der Geologie und der Erschließung der verschiedensten Urkunden. Die Bibel wird auf eine höhere Ebene gehoben, und ihre Heiligkeit leuchtet mehr denn je. Ja, die durch Jahrtausende hindurch geltende Schau der Bibel war unwürdig des großen Gottes, des Herrschers aller Seelen. Man hatte ja angenommen, daß Gott bis zur Offenbarung am Sinai geschwiegen hatte; und nach der gleichen Auffassung hatte Er auch der Wissenschaft keinen Raum zur Forschung gelassen, ohne dem Glauben Schwierigkeiten zu bereiten. Die Offenbarung seines Willens an die Menschheit, so meinte man, läge ausschließlich in dem schmalen Lichtstrahl, den Moses empfangen hatte. Und glichen die Fügungen seiner Vorsehung nicht im Grunde genommen eher herzlosen Vernachlässigungen? Denn außer Israel standen ja alle Völker unter seinem furchtbaren Bann, und Millionen mußten in den Abgrund stürzen, bis sein „geliebter Sohn" sich schließlich als Mittler anbot und sich am Kreuz für eine Menschheit opferte, die zur Verdammnis bestimmt gewesen war; nun erst war der „Vater" besänftigt und hob seinen Urteilsspruch auf, jedoch nur zugunsten der Menschen, für die sich der „Sohn" zum Fürsprecher machte! In dieser alten Anschauung, die fortdauernd in den Schulen gelehrt und mit dem größten Eifer und aller Beredsamkeit von den Kanzeln gepredigt und verkündigt wurde, sah Swedenborg das Haupthindernis einer neuen, lebendigen Entwicklung. Ihr gigantischer Schatten lag bereits auf der Wiege des Säuglings, lastete auf dem Gefängnis und Totenbett, und durchdrang die kleinsten Alltagshandlungen und -worte. Natürlich erhoben sich unter diesen Voraussetzungen überall Zweifler und Gottesleugner. Der Glaube an den HERRN und sein Wort schien den Verzicht auf Wissenschaft und Philosophie, den Verzicht auf alle großherzigen Gefühle vorauszusetzen.

Diesem Riesen trat Swedenborg mit seiner neuen Schau entgegen, die frische Hoffnung und eine bessere Würdigung der Bibel brachte. Der Gott, den er offenbarte, ist der Gott aller Völker und Zeiten, der mit unendlicher Geduld und Selbstlosigkeit über die ganze Welt wacht. Er schuf die Anfänge der Menschheit nach dem gleichen Gesetz des

Wachstums, nach welchem er einen schönen Baum entstehen läßt. Dann leitete er sie mittels der Gleichnisse vom Garten Eden, von der Sintflut, vom Weinberg und vom babylonischen Turm, danach durch Moses und die Propheten. Aus der Geologie und anderen Wissenschaftsbereichen verwendet Swedenborg Bilder, die die Wiedergeburt des Menschen symbolisieren. Immer und überall hat es Rechtsgesetze gegeben; so ist beispielsweise der Kodex des Hammurabi bekannt, des Amraphel der Genesis. Doch die zehn Gebote wurden vom Sinai herab auf eine besondere Weise verkündet, weil sie die geistigen Gesetze vorbildeten, welche die Weisheit und Wissenschaft der Menschen im Laufe der Jahrhunderte enthüllen durfte. Nur indem bestimmte, festumrissene Bilder des Lebens unserem Gedächtnis eingeprägt werden, können wir lernen, uns noch schönere vorzustellen und sie zu lebendiger Wirklichkeit zu gestalten. So oft sich die Juden von der ihnen anvertrauten Aufgabe gegenüber der ganzen Menschheit lossagten, wurden sie mit dem Hinweis auf das Beispiel anderer Völker zurechtgewiesen, Völker, die zwar das geschriebene Wort Gottes nicht besaßen, denen aber die Wahrheit wie mit goldenen Lettern ins Herz geschrieben war. Swedenborg hält seiner Zeit eine Reihe von heidnischen Völkern als Beispiel der Aufrichtigkeit und Güte vor, die die Christenheit beschämen sollten. Und tatsächlich sehen wir heute, wie gerade bei den Heiden sich der entschiedenste Wille zur Brüderlichkeit zeigt, während wir auf immer wirksamere Mittel sinnen, einander im nächsten Krieg umzubringen. Wahrlich, das Wort des HERRN besteht ewig, wenn auch die alte, am bloßen Buchstaben hängende Auffassung vom Himmel und von der Erde dahinschwindet.

Swedenborgs Lehren zeigen uns, daß die Schöpfungsmethode Gottes die Evolution ist; zugleich aber weist er nach, daß Evolution nicht denkbar wäre ohne eine vorausgehende „Involution". Da Gott das Leben oder die Seele selbst ist, kann er gar nicht anders, als allem, was aus seiner Hand hervorgeht, eine Seele zu verleihen. Jegliche Seele aber bemächtigt sich der Materie und gestaltet sie wiederum zum Bilde desjenigen göttlichen Gedankens, aus dem sie selbst hervorging. Immer noch gilt, was Plato lehrte: nichts kann aus dem Nichts geschaffen werden, und Verstand kann nicht aus Stoff entwickelt werden, weil beides einer völlig verschiedenen Ebene des Daseins angehört. Wenn auch der Mensch allmählich aus einer niedrigeren zu einer höheren Form entwickelt worden ist, so ist er doch von Anfang an unsterblich geschaffen. Seine höheren Fähigkeiten jedoch erlebte er erst, als er zum Bewußtsein der Seele in sich erwachte. Die Bibel behauptet, daß der Mensch aus seiner ursprünglichen kindlichen Einfalt und Unschuld gefallen ist, während er im Stofflichen ungeheure Fortschritte gemacht hat, und nur auf weiten, steilen Wegen zu jenen Höhen zurückzukehren vermag, wo Gott zu finden ist, „der Treffpunkt aller Seelen“.

Swedenborgs Offenbarungen bannen jede Todesfurcht. Doch ehe er die Wirklichkeit des Himmels schauen durfte, barg das zukünftige Leben für die meisten „Christen“ viele Schrecken. Es blieb eine Streitfrage, ob das Leben oder der Tod die größeren Möglichkeiten biete – ob der Tod das Ende des Lebens sei oder das Tor zu einem anderen Dasein. Nun aber haben wir die Gewißheit, daß das umfassendere, vollkommenere Leben jenseits des Grabes liegt. Welch unerträglicher Gedanke war bisher das in den Armen seiner Mutter sterbende Kind! Jetzt wissen wir etwas von der lieblichen, wolkenlosen Kindheit, die es erwartet, von den lichten Stätten, wo Engel es lehren werden, schöpferische Gedanken zu entwickeln, und die Arbeit zu leisten, für welche es am besten geeignet ist. In Schönheit wird es dort heranwachsen und zu Taten und Erlebnissen reif werden, größer als sie auf Erden möglich sind. Wir wissen jetzt, daß jede treue Liebe, die der Tod durchkreuzt, im Jenseits zehnfach größere Freude und Erfüllung zu erwarten hat. Die Wirklichkeit von Himmel und Hölle ist tief in unserem Bewußtsein verankert und nicht mehr in Frage zu stellen. Diese Gefühlsgewißheit ist mehr als ein schwankendes Wissen, das wir aus Argumenten oder logischen Schlüssen abgeleitet haben, die wir je nach Wahl annehmen oder ablehnen können. Allein ein solches aus der unmittelbaren Erfahrung gewonnenes Wissen vermag den Dingen Wirklichkeit zu verleihen. Swedenborgs lebendiges Zeugnis wird zunehmend Licht auf das dunkle „Hinterland“ unseres seelischen Erlebens werfen und unser tastendes Streben stärken, indem es uns das unsterbliche Ziel vor Augen rückt.

Man kann leicht über die Torheit des Jenseitsglaubens spotten, doch sind alle Versuche der Menschen, ohne ihn auszukommen, in tragischem Versagen geendet. Freilich finden nur sehr wenige den goldenen Mittelweg; Swedenborg aber wurden folgende Worte eingegeben: „Wahrheiten, die vom Guten herrühren, haben alle Macht“. Wenn wir uns nur vom HERRN aus seiner göttlichen Wahrheit begeistern lassen, dann wird die Kraft Simsons in uns einströmen, und wir werden schließlich doch imstande sein, das tote Gewicht zu heben, das die große Mehrheit der Menschen in ihren herrlichen Entwicklungsmöglichkeiten hemmt. Bedeutsamerweise erkannte Emerson, der in manchen Glaubensfragen Swedenborg fern stand, dessen völlig selbstlose Einstellung und schrieb: „Die Willensschwäche beginnt, wenn einer etwas aus sich sein möchte. Und die Verstandesblindheit beginnt, wenn er etwas aus sich sein möchte“. Nichts anderes wird die Welt retten, als wenn wir das Leben Gottes seinen Weg durch uns nehmen lassen.

Darin liegt die wahre Bedeutung der Botschaft Swedenborgs von den „Bergen, von denen unsere Hilfe kommt". Nicht auf die Unsterblichkeit an sich legte er das Hauptgewicht, sondern auf die Verantwortung, die uns aus ihr erwächst. Er betrachtete seinen außergewöhnlichen Verkehr mit den Engeln nicht als Selbstzweck, sondern lediglich als ein Mittel, seinen Verstand für die wahrheitsgemäße Auslegung des Wortes Gottes aufzuschließen, und um den so empfangenen Wissensschatz zum Erbe der ganzen Menschheit zu machen.

So begreift man, daß uns Swedenborg – wenn er auch die Möglichkeit eines Verkehrs mit den Abgeschiedenen einräumt – doch niemals ermutigt, solchen Verkehr zu pflegen. Wenn Gott sich der Propheten, Apostel und Seher bedient, um die trägen Herzen der Menschen aufzurütteln, so ist die bewußte Zusammengesellung mit Engeln und Teufeln für ihre Aufgabe notwendig; der HERR selbst ist dann der Wächter und verhütet Verwirrung. In der Regel aber setzt solcher Verkehr mit der geistigen Welt den Menschen großen Gefahren aus, weil er dabei sehr leicht von betrügerischen Geistern beeinflußt wird, die seine Schwächen kennen und ihn für ihre selbstsüchtigen Zwecke mißbrauchen.

Wenn Swedenborg darum feststellt, daß bei jedem Menschen wenigstens zwei Engel des Himmels und zwei böse Geister von der Hölle ständig zugegen sind, so betont er doch gleichzeitig, daß unsere Gemütsruhe und der geordnete Lauf unseres Lebens davon abhängen, daß wir uns unserer unsichtbaren Freunde und Feinde nicht bewußt werden. Wie John Wesley richtig sagte, haben wir in jenen Offenbarungen Swedenborgs alles, was uns zu wissen nötig ist, so daß wir im übrigen nur dem HERRN allein zu folgen und seinem Schutz und seiner Führung zu vertrauen brauchen.

Der Name des HERRN Jesus Christus steht sowohl im ersten wie auch im letzten Satz der Apokalypse. Er ist die Zentralgestalt dieses Buches, derselbe Jesus, von dem das ganze Neue Testament handelt. In der Tat ist die „Offenbarung Johannis" nichts als eine Fortsetzung der Evangelien. Diese berichten vom Erdenwirken des HERRN, von seiner Kreuzigung und Auferstehung, jene enthält das Zeugnis von der Fortsetzung seines Werkes in der Kraft seines verherrlichten Menschentums als unser erhabenstes Beispiel und Vorbild. In den Evangelien sagte er: „Siehe, ich bin mit euch bis zur Vollendung des Zeitlaufs"; und oft sprach er von dem Trost und der Erleuchtung, die er den Menschen noch bringen werde.

Was ist aus diesen Versprechungen geworden? Wenn man vom Kommen des Heiligen Geistes am Tage der Pfingsten absieht, der Weisheit zum Lehren und dem Mut und der Freude, die das Leben der Jünger eine zeitlang kennzeichneten, scheint das Versprechen in Vergessenheit geraten zu sein.

Swedenborg zeigt uns nun, daß die „Offenbarung“ eben dieses Versprechen zum Thema hat und seine Erfüllung prophezeit. In einer Reihe von Sinnbildern schildert dieses Buch das Wesen des auferstandenen HERRN und die Segnungen seiner Gegenwart und gibt uns darüber hinaus ausführliche Weisungen, wie wir unser Innerstes für sein Kommen vorbereiten sollen. Sie rückt uns die Ideale des Christenlebens, die von den Aposteln nur schwach umrissen worden waren, vor Augen, daß sie wie Sterne rund um die göttliche Gegenwart strahlen. Schließlich entlarvt die Apokalypse jene schrecklichen Irrwege des Glaubens und des Lebens, die überwunden werden müssen, ehe diese Ideale in uns zu lebendiger Wirklichkeit werden können, und zeigt die Haupthindernisse, die dem wahren Christentum entgegenstehen: ein Glaube ohne tätige Liebe und die Gier nach Herrschaft über die Seelen mittels Ritualien, Aberglauben und geistigen Terrors. So stellen beispielsweise die aus dem Meer und aus dem Abgrund heraufsteigenden Tiere solche argen geistigen Mißgeburten dar wie das Dogma von der Prädestination, die Unfreiheit des Willens, oder die Vorstellung dreier Götter, die das Denken der Menschen spalteten und ein „zieleinheitliches“ Leben, wie die Hindus sagen würden, unmöglich machten. Derartige Vorstellungen zerstören die geistige Kraft zur Sammlung, rauben den Gefühlen das gesunde Gleichgewicht, zerreißen das

Gewebe der Ethik und verbannen auch die Philosophie, die nur in der Einheit Gottes wurzeln kann. Der Drache der „Offenbarung“ ist das Bild jeglicher Bestrebungen der gewissenlosen Menschen, die Göttlichkeit des HERRN und die Notwendigkeit seiner Gebote wegzudeuteln; Babylon stellt alle Menschenhoffart und Anmaßung dar, die dem HERRN seine alleinige Herrschaft streitig machen.

Ein großer Teil der „Offenbarung“ besteht aus Schilderungen des Gerichts in der geistigen Welt. Wenn Siegel geöffnet werden und Posaunen ertönen, so bedeutet das die Enthüllung der geistigen Finsternis und Heuchelei einer im Niedergang begriffenen Kirche. Durch alle Szenen wandelt der HERR in seinem Göttlich-Menschlichen. Die Macht seiner Liebe, die Reinheit seiner Weisheit und der Eifer seiner Vorsehung werden dargestellt durch den seine Brust schmückenden goldenen Gürtel, durch sein Haupt, weiß wie Schnee, seine Augen gleich Feuerflammen und sein Antlitz leuchtend wie die Sonne in all ihrer Herrlichkeit. Seine Stimme „die tönt wie die Stimme vieler Wasser“, repräsentiert die Verbreitung neuer Gedanken und höherer Glaubensformen auf Erden. Aus den Gerichtsschilderungen wird deutlich, warum seine tröstende Gegenwart so wenig empfunden wurde seit jener Zeit, da er vor den Augen der Sterblichen auf Erden wandelte: Herrschsucht und geistige Unterdrückung haben uns Ihm gleichsam geraubt. Die Kirche bat in der Vergangenheit die Bildungsmöglichkeiten derart eingeengt, daß das Denken der Menschen lange gebraucht hat, um bis zu jenem Grad des Wissens zu gelangen, der für den Empfang einer neuen Botschaft Gottes erforderlich war.

Nach den furchtbaren Gerichtsszenen erscheint er in neuer Herrlichkeit, um Himmel und Erde mit seinem Lächeln zu beglücken, und das Neue Jerusalem – eine neue Spende seines Lichts – steigt auf die Erde herab. Wir lesen darüber Worte wie: „Die Hütte Gottes bei den Menschen“ oder: „Einen Tempel sah ich nicht in ihr, denn der HERR Gott, der Allmächtige, ist ihr Tempel und das Lamm“. Des HERRN Menschennatur ist „die Hütte Gottes bei den Menschen“, der Tempel seiner Gegenwart.

Swedenborg deutet die Maße der heiligen Stadt als die Maße jenes vollkommenen Menschentums, das der HERR in der Welt erreichte. Die vom Throne Gottes strömenden Wasser sind reiche, erfrischende Wahrheiten für alle, die ihr Leben mit dem seinen wirklich vereinigen. Denn die Anerkennung des Göttlich-Menschlichen des HERRN allein ist die Weisheit und der Schlüssel zu den unerschöpflichen Wahrheitsquellen der Gleichnisse, Psalmen und Propheten des Alten Testaments, der Evangelien und namentlich dieses so lange versiegelten Buches der „Offenbarung“. Welch göttliche Schönheit liegt in jeder Einzelheit, wenn man sie richtig versteht. Als Titelblatt erscheint gleichsam das Bild der sieben Leuchter, in deren Mitte einer steht, „der einem Menschensohne ähnlich war“, und unter dem begnadeten Blick Swedenborgs enthüllt das Buch seinen ganzen Reichtum und gipfelt in der Schau der heiligen Stadt mit dem Strom des Lebenswassers, dem Baum mit den Blättern zur Heilung der Völkerschaften und dem Sonnenglanz der göttlichen Gegenwart, der seinen Kindern nun immerdar leuchten soll.

Für den, der geistig zu sehen vermag, sind die beiden der Erklärung der „Offenbarung“ gewidmeten mehrbändigen Werke Swedenborgs die Erfüllung jener Jahrtausende alten Verheißung, wonach man „den Sohn des Menschen auf den Wolken des Himmels kommen sehen“ werde. „Sehen“ heißt nach dem geistigen Sinn verstehen, die „Wolken des Himmels“ sind der Buchstabe des Wortes, und „des Menschen Sohn, der da kommt“, ist der HERR in der Macht und Herrlichkeit des geistigen Sinnes, der durch den Buchstaben hindurchscheint. Die Inschrift über dem Kreuz Christi – „Jesus von Nazareth, König der Juden“ – war in hebräischer, griechischer und lateinischer Sprache abgefaßt, gleichsam als ein Hinweis auf die Zeit, da der HERR das Verlangen vieler Seelen mit seinem wahren Bild stillen würde durch die Offenbarung des verborgenen geistigen Sinnes des hebräischen Alten Testaments und des griechischen Neuen Testaments in den lateinischen Werken Swedenborgs. Dieser Sprache bediente sich Swedenborg, um unter der Anleitung des HERRN die Symbole der Bibel zu Nutz und Frommen der Menschheit in Grundsätze praktischen Lebens zu übersetzen. Bei vielen seiner Werke gab er nicht einmal seine Verfasserschaft an, sondern zeichnete lediglich als „Diener des HERRN Jesus Christus". Er schreibt einmal: „Ich weiß wohl, daß viele sagen werden, ein Mensch könne unmöglich mit Geistern und Engeln reden, solange er im Leibe lebe; andere wiederum werden behaupten, es sei Einbildung oder ich habe derlei berichtet, um mir einen Namen zu machen, und dergleichen mehr. Aber das bekümmert mich nicht, denn ich habe gesehen, gehört und gefühlt"[16]. Zu meinem Erstaunen mußte ich feststellen, daß namhafte Forscher auf dem Gebiet des psychischen Lebens, wie zum Beispiel Sir Oliver Lodge, kaum auf Swedenborgs umfangreiche Werke hingewiesen haben, die sich doch mit den gleichen Problemen befassen. Sir Oliver Lodge hat eine Reihe von Gesprächen mit seinem „toten" Sohn Raymond veröffentlicht, in denen dieser mitteilt, daß die Bewohner der ewigen Welt die Arbeit verrichten, die ihnen am meisten liegt, daß sie in Gesellschaft derer leben, die ihnen am liebsten sind, und wie sie sich nähren und kleiden. Aber die so gewonnenen Informationen sind dürftig und bruchstückhaft, dem Himmel mühsam entrissen und nicht zu vergleichen mit Swedenborgs unmittelbaren Gesprächen mit Engeln und Geistern oder seiner fast übermenschlichen Darstellungskraft bei der Niederschrift einer Fülle von jenseitigen Begebenheiten und sichtbaren Wahrheiten, die wie Diamanten blitzen und durch die Vernunft erfaßbar sind. Er erblickte dort Menschen, deren Gedächtnis gleichsam verknöchert war, vernahm die Klagen böser Geister, wenn sie in den Himmel blickten und nichts als undurchdringliche Finsternis schauten. Er erkannte, daß die Engel in einer Atmosphäre nicht zu atmen vermögen, die mit ihren Gedanken nicht übereinstimmt und sah die köstlichen Früchte der tätigen Liebe, die Leib und Geist erlaben.

Wie dankbar wären viele Menschen für farbige und eingehende Berichte aus jener unsichtbaren Welt, dahin ihre Lieben entschwunden sind – drängt sich da nicht geradezu die heilige Pflicht auf, ihrem zweifelnden Herzen Frieden zu geben? Wie dürften sie sich darüber freuen, daß vor zweihundert Jahren ein berühmter Wissenschafter – entgegen all seinen Erwartungen und Plänen und den Wünschen seiner Familie – zum Seher auserwählt wurde und der Welt 27 umfangreiche Bände voll genauer Angaben über seinen Verkehr mit dem geistigen All bescherte, ohne irgendeinen Gewinn für sich selbst dabei zu suchen. Gegen alle Anwürfe stand er zu seiner Berufung, verzichtete auf seinen Wohlstand und führte ein einfaches Leben; seine Werke übergab er dem Druck und verteilte sie auf eine unaufdringliche und würdige Weise. Mit ausgeglichenem Temperament pflegte er Handlung und Rede zu wägen; niemals wurde er von Leidenschaften oder ekstatischen Erregungen hingerissen. Er ließ nie ab von seiner Gewohnheit methodischen Denkens, mißachtete keine sinnlich-natürlichen Gegebenheiten und sah ohne Spott auf die kleinen Freuden seiner Mitmenschen. Obwohl seine Sendung ihn voll in Anspruch nahm, beantwortete er doch jede Bitte um Hilfe oder Mitgefühl in den praktischen Bedürfnissen des täglichen Lebens. Als er auf seinem Sterbebett von dem schwedischen Geistlichen gefragt wurde, ob all seine Lehren wirklich wahr seien oder ob er einige Teile davon ausnehmen und widerrufen möchte, antwortete er ohne Zögern mit Wärme: „Ich habe nichts als die Wahrheit geschrieben, wie Ihr alle Tage Eures Lebens bestätigt finden werdet, wenn Ihr Euch an den HERRN haltet und getreulich ihm allein dienet, alles Böse als Sünde gegen ihn meidet, und fleißig in seinem Worte forschet, das von Anfang bis Ende unwiderleglich für die Wahrheit der Lehren zeugt, die ich der Welt übermittelt habe".

V

DIE NEUE SCHAU VON HIMMEL UND HÖLLE

IM LICHTE des Göttlichen Wortes erkannte Swedenborg die Einheit des Wesens und der Person Gottes, und in Jesus Christus sah er diesen einen Gott in seiner auf Erden angenommenen Menschengestalt, während ihm der Heilige Geist als die unendliche Kraft offenbar wurde, die unter den Menschen Güte und Glück schafft und erhält. Diese Wahrheit ist Mittelpunkt jeder gesunden christlichen Lehre; nur wenn sie klar erfaßt wird, kann die Heilige Schrift auf vernunftgemäße Weise erklärt und freudig der Glaube an Einen Gott aufrecht erhalten werden, ohne daß deswegen die Göttlichkeit Jesu Christi geleugnet werden müßte. Christus wird vielmehr unendlich erhöht zu jener herrlichen Gestalt, der sich durch die Jahrhunderte hindurch Millionen Herzen sehnend zugewandt haben.

Denn alle lieben des Menschen Gestalt,
Sei's Heide, Jude, Türke:
Wo Erbarmen, Liebe, Mitleid wohnt,
Da wohnt auch Gott.

Eine solche Schau des HERRN läßt in uns eine Freude aufleuchten, der Sonne vergleichbar mit ihrer dreifachen Herrlichkeit von Wärme, Licht und tätiger Wirkung. Die Freude dieser Erkenntnis gleicht auch der Befriedigung, die wir beim Anblick eines schönen Menschen empfinden, der im glücklichen Gleichgewicht von Seele, Geist und Leib lebt, oder dem vollkommenen Kreislauf der Natur, die aus dem Samen die Blüte emporsprießen läßt, um aus der Blüte schließlich die köstliche Frucht hervorzubringen. Wie vernünftig und einfach ist diese Erkenntnis, wie wird sie dem Wesen aller Dinge gerecht! Und doch: Welch ungeheure Mühe kostete es Swedenborg, sie so zu „pflanzen", daß sie wachsen und blühen konnte! Er hatte riesige Hindernisse zu beseitigen, die ihm in Form von Argumenten und Spekulationen über die Dreieinigkeit und die Rechtfertigung „allein durch den Glauben" entgegenstanden. Es erging ihm dabei ähnlich wie Francis Bacon, der die unmittelbare Beobachtung der Natur an die Stelle der alten scholastischen Methode der deduktiven Beweisführung setzte. Beide gehorchten dem Ruf der ewigen Wahrheit, nahmen als Wegbereiter einer neuen Aera Mühsal und Einsamkeit auf sich und ließen sich durch die Feindseligkeit der öffentlichen Meinung nicht von ihren Erkenntnissen abbringen – von der Hoffnung beseelt, für die kommenden Geschlechter klarere und verläßlichere Richtlinien zu erarbeiten. Sie fanden beide, daß „Lehren, die leicht die Gunst der Masse finden, entweder aufrührerisch oder oberflächlich und nichtssagend sind, so daß zweifellos die Gescheitesten sich des Ansehens wegen stets gern dem Urteil der Zeit und der Menge beugten."

Swedenborg hätte ebenfalls mit Bacon sagen können: „Diese entartete Gelehrsamkeit herrschte hauptsächlich bei den Scholastikern, die mit scharfem Verstand und einem Übermaß an Zeit aus wenig Substanz mit endlosen geistreichen Spitzfindigkeiten jene mühseligen Gewebe der Gelehrsamkeit spannen, die ihre Bücher füllen."

Die neuen Gedanken über die Einheit Gottes, die uns Swedenborg anstelle der alten schenkt, sind darum so kostbar, weil sie uns unterscheiden lehren zwischen der wirklichen Gottheit und all den befremdlichen Scheinbarkeiten und menschlich-allzumenschlichen Eigenschaften, die eine falsche Bibelauslegung und die blinde Leidenschaft der Menschen Ihm angedichtet haben. Folgende Auszüge aus Swedenborgs „Wahrer Christlicher Religion"[17] zeigen, wie er darum kämpfte, jene unchristlichen Auffassungen durch einen edleren Glauben zu ersetzen:

„Gott ist allmächtig, weil er alles aus sich vermag, während alle anderen nur aus Ihm etwas vermögen. Können und Wollen sind bei ihm eins, und weil Er nichts als das Gute will, so kann Er auch nur Gutes tun. In der geistigen Welt vermag niemand gegen seinen eigenen Willen zu handeln, und zwar infolge des göttlichen Einflusses, dessen Können und Wollen eins sind. Gott ist auch das Gute selbst; darum ist Er, wenn Er Gutes tut, in sich und kann nicht aus sich herausgehen. Hieraus wird offenbar, daß Seine Allmacht innerhalb der Sphäre des Guten wirkt, deren Ausdehnung unendlich ist.“

„Daraus kann man ersehen, wie sehr sich jene irren, die denken, glauben oder gar lehren, Gott könne irgend jemand verdammen, verfluchen, in die Hölle werfen oder irgend eine Seele zum ewigen Tode vorherbestimmen, Unrecht strafen oder zürnen. Er kann nicht einmal Sein Antlitz vom Menschen abwenden und ihn mit strenger Miene anblicken.“

„Heute herrscht die Meinung vor, daß Gottes Allmacht der absoluten Macht eines irdischen Königs gleicht, der nach Willkür tun kann, was ihm gefällt: freisprechen oder verurteilen, wen er mag, den Schuldigen zum Unschuldigen machen, den Ungetreuen für getreu erklären, den Unwürdigen und Verdienstlosen über den Würdigen und Verdienstvollen erheben; ja unter irgend einem Vorwande den Untertanen ihre Güter entreißen und sie zum Tode verurteilen, und dergleichen mehr. Aus dieser unsinnigen Meinung und Lehre über die göttliche Allmacht sind ebensoviele Falschheiten, Täuschungen und Hirngespinste in die Kirche eingedrungen, wie es Gegenstände, Gliederungen und Ableitungen des Glaubens in ihr gibt, und es können deren noch ebenso viele weitere eindringen wie man Krüge aus einem See mit Wasser zu füllen vermag, oder Schlangen in der Wüste Arabiens aus ihren

Löchern kriechen und sich in der Sonne wärmen können. Was bedarf es da mehr als der beiden Vokabeln Allmacht und Glaube, um sogleich vor der Masse Vermutungen, Fabeln und Nichtigkeiten auszubreiten? Denn bei dieser Auffassung von Glaube und Allmacht ist die Vernunft ausgeschlossen; was hat aber das Denken des Menschen dann noch der „Vernunft" eines Vogels voraus, der über seinem Kopfe dahinfliegt?"

Swedenborgs Lehren heben uns in Höhen empor, wo die Atmosphäre rein ist von Haß, und wo man wahrnehmen kann, daß Gottes Wesen wirklich nur Liebe, Weisheit und Nutzwirkung ist, so daß seine Einstellung zu irgendeinem Menschen sich niemals wandeln kann. Und doch können nicht alle Menschen gebessert werden, weil manche eine Besserung einfach nicht wollen. Es gibt Menschen, die Gott nie finden. Wer unablässig nur an sich denkt, gelangt zu keiner Schau. Seine Seele ertrinkt im Materialismus, der sich wie eine Flut um ihn her erhebt und ihn auslöscht. Solche Menschen können nur die Mitmenschen wahrnehmen, die in den gleichen trüben Wassern kämpfen wie sie selbst. Es liegt ihnen nicht daran, sich wirklich zu retten oder anderen zu helfen. Aber durch das ganze Werk Swedenborgs hindurch leuchtet ein Bild der ewigen Liebe, die jedes menschliche Wesen umfängt und davon abzuhalten sucht, in noch tiefere Sünden zu versinken. Es wird darin erklärt, warum der HERR bei Jesaja „taub und blind“ genannt wird, als sähe er die Sünden der Menschen nicht. Gott züchtigt seine Kinder nicht, er bricht auch nicht ihren Willen, sondern behutsam biegt und lenkt er sie zum Guten, soweit sie seinem Einfluß nachgeben und mit ihm zusammenwirken.

Eine weitere Lehre, die für jene Zeit eine Revolution bedeutete, ist folgende: Es gibt keine Vorherbestimmung eines Teiles der Menschheit zur Hölle. Alle werden für den Himmel geboren, gerade wie der Same dazu geschaffen ist, um eine Blume, und die kleine Drossel im Nest, um ein Singvogel zu werden – wenn die Lebensgesetze sich auswirken können. Mit anderen Worten: alle Menschen sind erlöst worden, und daher können auch alle neugeboren werden. Es ist des Menschen eigener Fehler, wenn er denkt und so lebt, als sei er vom Himmel ausgeschlossen. Er ist aber auf dem Wege dahin bei jedem guten Gedanken, den er denkt, und er ist im Himmel, wenn er sein Glück darin gefunden hat, anderen zu dienen.

Man hat gesagt, Darwin habe Himmel und Hölle zu einem Gegenstand des Gelächters gemacht; in Swedenborgs Schriften geschieht das jedoch nirgends, und das sollte auch unter keinen Umständen je geschehen, solange die Menschen zu sündigen und Reue zu empfinden vermögen. Die mittelalterliche Höllen-Vorstellung existiert bei Swedenborg freilich nicht. Er lehrt uns aber, daß es eine Hölle des Geistes gibt für alle, die sich selbst in der Liebe zum Bösen bestärkt haben und Gott im Herzen mit Wissen und Willen leugnen. Das Feuer, in das sie nach dem Tode fallen, ist nicht natürlicher Art, und weil sie sich selbst über die Maßen hart bestrafen, nimmt Gott in seiner Güte die Gewissenspein von ihnen. Daher werden sie auch nie dazu gezwungen, sich in eine himmlische Empfindungsweise zu versetzen, sie würden daran lediglich ersticken und der einzigen Freuden beraubt, deren sie noch fähig sind. Sie „brennen" aber im Feuer ihrer Selbst- und Herrschsucht, und entsprechend ihren finsteren Gedanken können sie gleich Eulen und Nachtkäfern auch nur im Dunkeln sehen. Sie leben in ständigem Kampf und Streit und sind allen möglichen magischen und betrügerischen Künsten verfallen. Um Luft und Nahrung müssen sie hart arbeiten, und einige scheinen andauernd Holz zu backen oder Gras zu mähen, weil sie auf Erden so gierig nur nach dem Lohn der Arbeit getrachtet hatten. Geizhälse drücken imaginäre Geldbeutel ans Herz; Sirenen versuchen ihre jämmerliche Gestalt zu verschönen und ergötzen sich an ihrem Spiegelbild bei einem trüben Licht, das von einem Kohlenfeuer herzurühren scheint. Jede Rotte von Betrügern strebt danach, alle anderen zu überlisten, und die wilde Freude an diesem geheimen Wettstreit leuchtet düster von ihren entstellten Gesichtern. Andere, die zäh an ihren grausamen und törichten Meinungen festgehalten haben, reden Stunden um Stunden auf ihre ebenso blödsinnigen und stumm bleibenden Genossen ein, und führen schließlich, wenn sie ihrer eitlen Bemühungen überdrüssig geworden sind, einen irrsinnigen Tanz mit ihresgleichen auf – bösen Genien, Gnomen, Zauberern und Räubern –, einen Tanz, der den verrückten Phantasien eines Fiebertraumes gleicht.

Der HERR jedoch verachtet diese unglücklichen Wesen nicht und läßt auch sie nicht völlig ohne einen Nutzen. Er bringt sie dazu, eine gewisse äußere Ordnung zu respektieren, ja sogar – soweit sie durch ihre Neigungen dahin gebracht werden können – anderen zu dienen, wenn auch nur aus Eigennutz. So wird durch sie beispielsweise der Mensch befähigt, sowohl das zu meidende Böse als auch das zu erwählende Gute deutlicher wahrzunehmen. Außerdem halten sie in ihm das Feuer des Ehrgeizes wach, solange ihm Ideale und Allgemeinwohl noch nichts bedeuten und er nur nach Ehre und Geltung strebt[18]. Bei anderen schärfen sie das Bewußtsein für unangenehme Wahrheiten, die den Kindern des Lichts durchaus gegenwärtig sein müssen, wenn sie dabei mithelfen sollen, die Menschheit gegen brutale Gewalt und jegliche Form der Unterdrückung zu schützen – rühre sie nun von einem einzelnen oder von einer Gruppe von Menschen her. Selbst die schlimmsten der Teufel können dem Gefühl der Anziehung nicht entrinnen, das sie Gott gegenüber empfinden, so gern sie es leugnen möchten; denn Er allein hat Erbarmen mit ihren Torheiten, und Seine göttliche Barmherzigkeit ist ihnen stets nahe. Daß doch jeder, der seine Mitmenschen als Narren und Bösewichte verklagt, Vorsicht üben möchte, und wenn er noch so klar alles beweisen könnte, was er gegen sie vorzubringen hat!

Es ist wirklich, wie Balzac feststellt: „Swedenborg hat Gott von dem Vorwurf der Menschen befreit, er pflege die Sünde eines Augenblicks mit ewiger Strafe zu rächen, was in der Tat ungerecht und grausam wäre."

Nach Swedenborgs Zeugnis gleichen wir nach dem Tode Reisenden, die von Ort zu Ort ziehen und dabei viele interessante Dinge kennenlernen, den verschiedenartigsten Menschen begegnen und von einem jeden irgendeinen Eindruck mit auf den Weg nehmen. Wir beobachten, urteilen, üben Kritik, hören Worte der Weisheit oder Torheit. Wir geben alte Ansichten auf, um andere zu gewinnen, wenn wir sie im Schmelztiegel unseres Geistes analysiert und geprüft haben. So vertieft jedes neue Erlebnis unser Wissen und führt uns näher zu jenen reineren Vorstellungen, die dort allen gehören. Auf Erden steht jeder Mensch auf sich allein, wenn er auch nicht allein ist. In Ermangelung wirklicher Zuhörer bleiben daher seine besten Gedanken unausgesprochen. Anders im jenseitigen Leben! Alle leben und lernen dort gemeinsam. Als Geistwesen können sie einander – das gilt von den Guten wie von den Bösen – im Augenblick ganze Bände von Gedanken mitteilen, deren Erfassen auf Erden lange Zeit erfordern würde! So werden wir weiter wandern, die Gefährten wählend, die am besten zu uns passen, und in alle Ewigkeit wachsend an lebendiger Anteilnahme, Weisheit, Vernunft, innerem Adel und Glück. Welcher Ausblick öffnet sich hier für alle, deren Geist durch traurige Todes-Gedanken gelähmt wird! Und welch unaussprechlicher Trost liegt darin für all die vielen, die nach edler Freundschaft und lebendigem menschlichen Austausch verlangen! Ich glaube, daß Freundschaften im Himmel Bestand haben können, wie ja auch schon auf Erden, und zwar kraft dessen, was sich in den Freunden wandelt wie auch dessen, was stetig bleibt. Es liegt ja im Wesen der Freundschaft, Gedanken und Empfindungen, die sich bei dem einen Freunde einstellen, dadurch lebendig zu machen, daß der andere daran teilhat und sie variiert. Hier auf Erden sind wir eher geneigt, in der Freundschaft unsere Gemeinsamkeiten zu betonen und über unsere Verschiedenheiten hinwegzusehen. Im Himmel hingegen – und zuweilen schon auf Erden – sind Freunde trotz ihrer Geistesverwandtschaft doch so verschieden voneinander, daß sie sich gegenseitig ergänzen, ähnlich wie die mannigfaltigen und herrlichen Farben beim Sonnenaufgang. Unaufhörlich entdecken sie aneinander im Geben und Nehmen das Beste, das in ihnen ist. Sie tun einander geistig, was unsere Angehörigen für uns tun, wenn sie uns körperlich nähren und kleiden. Während ich mir selbst darüber klar werde, staune ich, wie gut ich das aus eigener Erfahrung weiß. Ich habe selbst eine jener seltenen Freundschaften erlebt. Meine Lehrerin Anne Sullivan wurde dank unserer Verbundenheit zum Entdecker der in mir ruhenden Fähigkeiten, die infolge des mich isolierenden Dunkels und Schweigens den meisten Menschen zwangsläufig verborgen geblieben wären. Zweifellos gibt es in unserem Leben derart köstliche Augenblicke, daß sie uns über die Erde hinaus schon hier den Himmel erleben lassen. Dieser Vorgeschmack der Ewigkeit war es, der mein Verständnis für den bleibenden, allumfassenden Wert der Freundschaft geweckt hat.

Die Bibel spricht freilich davon, daß wir im Himmel „ruhen von unseren Arbeiten“, aber das will folgendes besagen: Wenn wir durch alle Leiden, Mißerfolge und Versuchungen hindurch unbeirrt auf unser Heil hinstreben, werden wir den Sabbath des Friedens gewinnen. Die „Arbeiten“[19], von denen wir dann ruhen, sind die Hindernisse des Fleisches, der Kampf ums tägliche Brot, um Kleidung und Obdach, der Krieg und die widerwärtigen Machenschaften, in denen die Menschen einander im Verlangen nach Gewinn und Macht zu übertreffen suchen. In Wirklichkeit erwartet uns im Himmel ein ungeheuer weites, reiches Arbeitsfeld, dem wir uns mit edlem Eifer und unbegrenztem Interesse zuwenden werden, vorausgesetzt, daß wir unsere wenigen Aufgaben hienieden getreulich erfüllen. So unvorstellbar mannigfaltig sind die Arbeitsmöglichkeiten im „Reiche der Nutzwirkungen", wie der Himmel von Swedenborg auch genannt wird, daß sie hier unmöglich aufgezählt und im einzelnen beschrieben werden können. Wer Kindern mit selbstloser Liebe zugetan ist, nimmt die Kleinen auf, die von der Erde ankommen, und sorgt für sie; die einen widmen sich der Erziehung von Knaben und Mädchen, die anderen unterrichten einfache Menschen, die ernsthaft danach verlangen. Alle heidnischen Völker müssen in den Wahrheiten unterwiesen werden, um ihren begrenzten Glauben weiterzuentwickeln. Es gibt besondere Gesellschaften, die sich eines jeden annehmen, der durch den Tod ins Leben eingeht, und die solche Neuankömmlinge in der Zwischenwelt vor der Mißgunst der bösen Geister bewahren. Wieder andere Gesellschaften haben die Bewohner der Hölle zu überwachen; sie trachten danach, deren Elend so weit als möglich zu mildern, indem sie dafür sorgen, daß sie sich gegenseitig nicht allzu sehr quälen. Da alle Erdenmenschen in der natürlichen und in der geistigen Welt zugleich leben, werden Engel der verschiedensten Gesellschaften ausgewählt, sie zu behüten, sie allmählich von ihren Lüsten und falschen Denkgewohnheiten abzubringen und ihren Hang zu dunklem Tun behutsam in die Freude an Taten des Lichts zu wandeln. Lediglich böser Wille im Menschen vermag ihre Liebesdienste zu hindern, aber er kann nicht ihren festen Glauben und ihre Geduld besiegen, die sie immer wieder zum Menschen zurückführen, sind sie doch Ebenbilder und Boten der göttlichen Treue. Sie bemerken kaum die Fehler eines Menschen, noch weniger halten sie sich dabei auf, sondern erforschen alle schönen Anlagen seines Gemüts und deuten das Negative nach Möglichkeit zum Guten. Männer und Frauen, die ihren Schutzengeln folgen und sich selbst dabei zu Engeln entwickeln, zeigen sich immer höheren Aufgaben gewachsen, und jede neue Stufe bringt ihnen einen Zustrom frischer Kräfte. Das ist der Sinn der Verheißung des HERRN vom „vollen, geschüttelten, gerüttelten und überfließenden Maß". Die goldenen Harfen und ewigen Lobgesänge, die so viel ablehnende Kritik herausgefordert und die unglückliche Vorstellung träger Heiliger hervorgerufen haben, sind nur ein bildhafter Ausdruck für die Freudengesänge der Seele über ihre immer schöneren und befriedigenderen Aufgaben.

So wird das himmlische Leben im Lichte der Lehren Swedenborgs zu einem echt menschlichen Leben mit all seinen Möglichkeiten nützlichen Dienens im häuslichen, bürgerlichen, sozialen und im geistigen Bereich.

Wir vernehmen weiter, daß drei Arten von Engeln zu unterscheiden sind: Erstens, Engel, deren Hauptinteresse der Aneignung von Kenntnissen und der praktischen Arbeit gilt, durch welche die Grenzen des Himmels gegen Einbrüche der Hölle geschützt werden. Zweitens, Engel, die der Vertiefung ihrer Erkenntnis leben und neue Ideen hervorbringen. Drittens, Engel, die sich nicht dabei aufhalten, die Dinge erst umständlich zu durchdenken, da sie sich dank ihrer inneren Wahrnehmungskraft unmittelbar in die Gefühle und in die Lage eines anderen versetzen und folglich rasch und entschieden handeln können. Deren Wesen ließe sich dem Feigenbaum vergleichen, der sich nicht die Zeit zum Blühen nimmt, sondern Blätter und Früchte zugleich hervorbringt. Kein Engel gleicht völlig einem andern, daher gibt es unter ihnen unzählige Gruppierungen oder Gesellschaften; gleichwohl gibt es nur einen Himmel, oder bildet vielmehr der Himmel eine Einheit, gerade so, wie der menschliche Körper in all seiner Vielfalt der zahllosen Organe, Glieder, Gewebe, Drüsen, Blutgefäße, Nerven und Fibern. Im Himmel sind alle einzelnen Aufgaben dem Wohle des Ganzen untergeordnet, mit einem Wort: Jeder hohe Gedanke, jedes Ideal und edle Streben, alles, was die erhabensten Geister je träumten, aber auch unendliche, noch ganz unausgedachte Möglichkeiten werden im ewigen Sonnenglanz der Unsterblichkeit Wirklichkeit werden.

Auch die Schönheit des Weibes, die Stärke des Mannes und die wahrhaft selbstlose Liebe zwischen den Geschlechtern werden wir im Himmel finden, ebenso die fröhlichen Spiele der Kinder und die Freuden der Geselligkeit.

Wenn es zutrifft, daß Swedenborg uns eine klare und gültige Offenbarung des himmlischen Lebens gegeben hat, so gut sie nur irgend von Menschen verstanden werden kann, und die frei von materiellen Vorstellungen bleibt, dann sollten wir auch ein deutliches Bild vom Ziel der himmlischen Erziehung haben. Nun, jene Welt ist das unermeßliche Reich aller geistleiblichen Seelen, die zueinander in Beziehung stehen und in einem großartigen Gefüge der Nutzwirkungen vereinigt sind. Unter den ungezählten Seelen findet sich nicht eine einzige ohne besondere Fähigkeiten, Neigungen und Kenntnisse. Jede Seele verfügt über Kräfte, die ihr die eigene und damit zugleich die Höherentwicklung des Ganzen ermöglichen. Während alle von einander abhängen, wird doch jedes Einzelwesen auf seine eigene Weise immer vollkommener und empfänglicher für das Glück, das ihm zuteil wird. Ein tieferer Einblick in das irdische Leben zeigt uns, daß es vom gleichen Gesetz der Nutzwirkung beherrscht wird. Die Wissenschaft lehrt, daß im Organismus des Körpers ein Teil dem andern dient, wodurch erst das Ganze Bestand hat. Einen ähnlichen Sinn hat Gott der gesamten Natur eingehaucht. So ist das Mineralreich eine in sich geschlossene Einheit, dient aber dem Reich der Pflanzen als Grundlage; und dieses wiederum ermöglicht das Leben des Menschen. So dienen beide der Menschheit. Das Gesetz des „Einer für alle, und alle für einen" ist dazu bestimmt, im menschlichen Leben zu herrschen. Aber viele haben dieses Gesetz in's Gegenteil verkehrt und leben von der Arbeit und den Ideen anderer; früher oder später aber rächt sich eine solche Einstellung, und jene Menschen müssen endlich doch lernen, daß auch sie ihren Beitrag als Opfer auf dem Altar des Gemeinwohls darzubringen haben oder aber aus den Reihen derer ausscheiden, die des menschlichen Namens würdig sind. Wir können der Allgemeinheit auf eine von drei Arten dienen : durch unserer Hände Werk, durch unseren Verstand oder durch unsere gefühlsmäßigen und ästhetischen Gaben.

Freilich, wenn wir den Menschen subjektiv betrachten, so mag der Fall oft anders liegen. Er kann sich aus Selbstsucht seiner Pflicht zur Nutzwirkung entziehen; selbst dann bleibt aber die Tatsache bestehen, daß – objektiv betrachtet – unser Leben wie auch unsere Umwelt dieses Gesetz der Nutzwirkung erkennen lassen und zugleich die beste Gelegenheit zur Verwirklichung unserer eigentlichen Ziele bieten. Wir müssen lernen, uns von diesem Gesetz leiten zu lassen, und sollten nach Mitteln und Wegen suchen, die es jedem einzelnen ermöglichen, den Beruf zu wählen, der seiner Neigung am besten entspricht, ihm Befriedigung schenkt und auch mit dem Gemeinwohl in Einklang steht. So würde jeder seinen Platz in dem ewigen Reich der Nutzwirkung finden. Das ist die einzig gültige Lebensordnung in dieser oder irgend einer anderen Welt.

Wir brauchen heute eine Erziehung – und denkende Menschen drängen jetzt auch in diese Richtung – , die uns lehrt, das Gesetz der Nutzwirkung richtig zu würdigen und anzuwenden, und die uns zu dem Beruf verhilft, in dem wir diesem Gesetz gemäß wirken können. Wir brauchen eine Erziehungsordnung, die alle Möglichkeiten des Dienstes an der Gemeinschaft aufzeigt, und welche die Unterschiede zwischen den äußerlich-praktischen, den verstandesmäßigen und geistigen Aufgabenkreisen klarlegt.

Wenn Swedenborg nicht müde wird, uns das himmlische Leben als Vorbild vor Augen zu halten, so darum, weil es uns als Anschauungsunterricht dienen soll. Nach der alten Auffassung ist uns das Erdenleben zur Vorbereitung auf den Himmel gegeben; aber auch die umgekehrte Auffassung ist wahr: Unser Wissen über den Himmel ist uns gegeben, um uns besser für das Leben auf der Erde auszurüsten. So zögere ich nicht, zur Anregung für unser irdisches Schulwesen auf Swedenborgs Aussagen über die Erziehung der Kinder im Himmel hinzuweisen. Der Unterricht bedient sich dort weitgehend der Methode der „Darstellungen", also der Bilder, belehrenden Spiele und Aufführungen für die Kinder, mit anderen Worten der Beispiele und bildlichen Vorstellungen. So werden die Kinder dazu geführt, die Nutzwirkungen zu wählen, die ihnen am meisten Freude machen; für sie werden sie ausgebildet. Auf dieses Ziel hin scheint sich auch die moderne Pädagogik zu entwickeln. Ich erinnere mich mit Freude daran, wie ich auf ganz ähnliche Weise in die Segnungen des Wissens und Könnens eingeführt wurde, und ich bin überzeugt, daß diese Methode, verständnisvoll den jeweiligen Verhältnissen angepaßt, in unserem allgemeinen Erziehungswesen von großem Nutzen wäre.

Es fällt mir nicht eben schwer zu glauben, daß die sichtbaren und greifbaren Erscheinungen der anderen Welt unmittelbare Ausprägungen der geistigen Zustände ihrer Bewohner sind, wie uns Swedenborg oft zu zeigen versucht. Aber selbst das Wissen um die wunderbarsten Herrlichkeiten des Himmels hilft uns wenig, wenn wir nicht etwas von deren Ursprung und wesentlichen Bedeutung verstehen. Das ist natürlich schwierig, solange wir nicht den Unterschied zwischen irdischem Leib und innerem Ich empfinden. Die Art, wie Vertrautes unmittelbar in Verbindung gebracht wird mit Unbekanntem, macht alles so seltsam. Es geht uns wie beim Erlernen einer Fremdsprache, wo zugleich mit den fremden Ausdrucksweisen so viel

Neues aus dem Leben des betreffenden Volkes auf uns einstürmt.

Gibt es etwas Lieblicheres, als aus einem schweren Traum zu erwachen und in ein geliebtes Antlitz zu schauen, das einen anlächelt? Ich liebe den Gedanken, unser Erwachen aus dem Erdendasein zum himmlischen Leben müsse diesem Gefühl ähnlich sein. Für meinen unwandelbaren Glauben wird jeder liebe Freund, den ich „verloren" habe, zu einem neuen Bindeglied zwischen dieser Welt und dem glücklicheren Lande jenseits. Im ersten Augenblick freilich beugt Trauer meine Seele, weil ich die Berührung ihrer Hand nicht mehr spüren und kein liebes Wort mehr von ihnen vernehmen kann; doch erlöscht mir das Licht des Glaubens nie, ich schöpfe wieder Mut aus Freude darüber, daß sie nun frei sind. Es ist mir unverständlich, warum jemand den Tod fürchten sollte. Ist das Leben hier nicht grausamer als der Tod? Es trennt und entfremdet, während der Tod, der doch das ewige Leben in sich birgt, wiedervereint und versöhnt. Wenn sich im Tode meine inneren Augen für die künftige Welt öffnen, werde ich im Lande meines Herzens und Glaubens erwachen, davon bin ich fest überzeugt. Unermüdlich erhebt sich mein Denken über den Verrat meiner Sinne und folgt der Schau, die über alles zeitlich Sichtbare hinausgeht! Und wenn auch eine Million Möglichkeiten gegen die eine, hoffnungsvolle, stünden, daß meine mir vorangegangenen Lieben leben

– was tut's? Ich will auf diese eine Möglichkeit bauen und lieber einen Irrtum wagen, als womöglich ihre Seele durch meine Zweifel betrüben – ich werde die Wahrheit ja dann erfahren; aber weil es die Möglichkeit des Fortlebens gibt, will ich mich unterdessen bemühen, keinen Schatten auf die Freude der Hingeschiedenen zu werfen. Manchmal frage ich mich, wer mehr des Mitgefühls bedarf, der suchende, tappende Mensch der Erde, oder der Dahingegangene, der vielleicht gerade beginnt, die Wirklichkeit im Lichte Gottes zu sehen? Welch lastende Wirklichkeit ist das Dunkel für den Blinden, der in den Schatten der Erde die Sonne nur in Gedanken errät! Aber wie lohnt sich der Versuch, geistig in Fühlung zu bleiben mit jenen, die uns bis zu ihrem letzten Augenblick auf Erden liebten! Wenn wir bei einem reinen Glücksgefühl oder einer tiefen Freude mit besonderer Innigkeit unserer Verstorbenen gedenken und uns ihnen eng verbunden fühlen, so kann das gewiß eine unserer schönsten Erfahrungen werden. In einem solchen Glauben liegt die Kraft, das Antlitz des Todes zu wandeln, das Unglück zu besiegen und ein Licht der Hoffnung für alle anzuzünden, deren letzte Freudenquelle versiegt zu sein scheint. Wenn wir überzeugt sind, daß der Himmel nicht über, sondern inwendig in uns ist, so ist die Gefahr eines Sich-verlierens in „Jenseitigkeit“ gebannt. Um so stärker werden wir uns gedrängt fühlen, zu handeln, zu lieben und zu hoffen, wo Hoffnung unmöglich scheint, und hier und jetzt entschlossen das Dunkel unserer Umwelt mit dem schönen Hauch der Morgenröte aus dem Himmel in uns zu verklären.

Mit großer Anteilnahme lese ich die Worte Sir Humphrey Davys, der tiefes Wissen, Glaube und Selbstlosigkeit in bewundernswertem Maße in sich vereinigte: „Ich neide anderen keine Eigenschaft des Geistes oder Verstandes – weder Genie noch Macht, Witz oder Phantasie; doch wenn ich das Beglückendste und – wie ich glaube – für mich Nützlichste wählen könnte, so würde ich jedem anderen Segen einen festen religiösen Glauben vorziehen; denn er verleiht dem Leben die feste Richtung zum Guten hin, schafft neue Hoffnung, wenn alle irdischen Hoffnungen schwinden, und wirft auf Verfall und Vernichtung des Daseins ein glänzendes Licht; sogar dem Tode läßt er Leben entsprießen und aus Verwesung und Auflösung, Schönheit und göttliches Leben erstehen. Er macht uns durch Leiden und Demütigungen nach und nach reif für den Aufstieg zum Paradies, und über alle irdische Vorstellungskraft hinaus beglückt er uns mit Visionen von Palmen und blühenden Amaranthen[20], den Gärten der Seligen, der Gewißheit ewiger Freuden, wo der Materialist und Skeptiker nur Trübsal, Verwesung, Vernichtung und Verzweiflung erblickt."

Begeisternd wie ein Pfingst-Erlebnis ist für mich das Bewußtsein, mir zur Seite einen so starken, ruhigen und gelehrten Mann zu wissen, der die Menschen liebte und doch niemanden fand, der seine Gedanken mit ihm teilte, der seine Erfindung der Sicherheitslampe der Welt umsonst hingab, obwohl er sich erst in Armut hatte durchrackern müssen, der die zahllosen Widersprüche in den alten Glaubensbekenntnissen und die Qualen des natürlichen Daseins kannte, und doch unerschüttert die Verbindung mit Gott aufrecht erhielt.

Wahrlich, ich habe in den Abgrund der Finsternis geschaut, aber mich ihrem lähmenden Einfluß nicht ergeben; im Geiste gehöre ich zu denen, die im Morgenlicht wandeln. Was hat es zu bedeuten, wenn alle dunklen, entmutigenden Stimmungen des menschlichen Gemüts mich überfallen und mich so dicht umwehen, wie die trockenen Blätter im Herbst? Andere sind vor mir diese Straße dahingezogen, und ich weiß, daß durch die Wüste ebenso sicher ein Weg zu Gott führt wie durch erfrischende grüne Auen und fruchtbare Obstgärten. Auch ich bin tief gedemütigt worden und mußte mir meine Kleinheit inmitten der Grenzenlosigkeit der Schöpfung eingestehen. Je mehr ich lerne, desto weniger meine ich zu wissen, und je besser ich die Erlebnisse zu werten weiß, die mir meine Sinne vermitteln, desto deutlicher werden mir deren Mängel bewußt und ihre Unzulänglichkeit als Lebensgrundlage. Hin und wieder stehen mir die Gesichtspunkte des Optimisten und des Pessimisten so geschickt ausgewogen vor Augen, daß ich alle Geisteskraft benötige, um den Halt an einer praktischen Lebensphilosophie nicht zu verlieren, die mir ermöglicht zu leben.

Aber ich gebrauche meinen Willen, erwähle das Leben und weise sein Gegenteil, das Nichts zurück. In seinem Gedicht „Triff deine Wahl“ hat Edwin Markham meisterhaft die gegensätzlichen Stimmungen und verschiedenen Glaubensrichtungen verarbeitet, die heute um Geltung ringen:

Auf dem Zweig des Rosenbusches ragt der
    stechende Dorn;
Die zarte Lilie muß im Schmutze leben;
Des Schmetterlings Farbenpracht weicht einem
    Hauch,
Am Ende der Straße wartet des Todes Haus.

Nein, nein: Auf dem Dornenbusch entfaltet sich
    zart die Rose;
Und Lilien erbühen im Schlamme des Flusses;
Die Motte ist schön wie die Blume des Rasens;
Das Ende der Straße ist Pforte zu Gott!

VI

GOTT IST LIEBE
UNSERE GEBURT
INS GEISTIGE LEBEN

MAN HAT die Religion als die Wissenschaft bezeichnet, die unser Verhältnis zu Gott, zu unseren Mitmenschen und zu unserem besseren Selbst darstellt. Sicher ist, daß das Christentum – richtig verstanden – die Lehre von der Liebe ist. Als der HERR unter den Sterblichen auf Erden weilte, sagte er: „An diesen beiden Geboten" – Liebe zu Gott und Liebe zum Nächsten – „hängt das ganze Gesetz und die Propheten." Konnte irgend jemand die Heilige Schrift und alles, was je Menschen darüber gedacht hatten, so von Grund auf kennen wie der gütige Nazarener in seiner göttlichen Sendung? Von der ersten bis zur letzten Seite der Evangelien predigte er die göttliche Notwendigkeit der Liebe. „Gott ist Liebe, Gott ist Liebe, Gott ist Liebe!" – das ist der unveränderliche Sinn von Worten, wie den folgenden: „Wenn ihr mich liebet, so haltet meine Gebote"; „das ist das ewige Leben, daß sie Dich, den einzig wahren Gott, kennen und Jesum Christum, den Du gesandt hast"; „trachtet am ersten nach dem Reiche Gottes und nach seiner Gerechtigkeit, so wird euch dies alles (Glück und irdische Segnungen) hinzugetan werden"; „Ich bin der Weg, die Wahrheit und das Leben." Jesus sieht Haß in jeder Form, im Kleinen wie im Großen, als das unmittelbare Gegenteil Gottes an. Nach seiner Lehre wird die Hölle nicht von Gott als Strafe verhängt, sondern ist der Ausdruck des unausweichlichen Gesetzes vom Zurückprallen des Bösen auf alle, die sich selbst in Haß, in brennende Begierden und das grausame Elend verletzten Stolzes und durchkreuzter Selbstsucht stürzen. Gleichgültig, wovon er ausging – immer wieder kam er darauf zurück, daß er die Erneuerung der Welt nicht dem Reichtum, einer bestimmten Kaste, einer irdischen Macht oder der Gelehrsamkeit anvertraute, sondern den besseren Neigungen der Menschheit – den edleren Idealen und Empfindungen des einfachen Volkes –, der Liebe als der Urheberin des Willens und dynamischen Kraft des Handelns. Er gab seinen Worten jede denkbare Wendung und tat alles, was möglich war, um die Zweifler davon zu überzeugen, daß Liebe – im Guten oder Bösen – das Leben ihres Lebens, gleichsam der Brennstoff ihrer Gedanken, ihr Lebensatem, ihr Himmel oder ihr Verderben ist. In seinem heiligen, ehrfurchtgebietenden, überwältigenden Evangelium der Liebe war keinerlei Raum für Ausnahmen oder Einschränkungen.

Und doch haben zweitausend Jahre lang sogenannte Gläubige den Satz wiederholt: „Gott ist Liebe", ohne Sinn dafür, daß in diesen drei gewichtigen Worten eine ganze Welt von Wahrheit enthalten ist, und ohne ihre belebende Macht zu fühlen.

Tatsächlich hat schon vom ersten Augenblick an, da Menschen ernsthaft über das Leben zu philosophieren begannen, über dieses Edelste ein dumpfes Schweigen geherrscht. Die Geschichte der Philosophie der Liebe offenbart die Tragödie der Bibel-Worte: „Er kam in das Seine, aber die Seinen nahmen Ihn nicht auf." Im fünften Jahrhundert v. Chr. behauptete der griechische Philosoph Empedokles, der die Atomtheorie lehrte, er habe als erster Mensch das Wesen der Liebe verstanden und ihre wahre Stellung im menschlichen Leben erkannt. Er versuchte die Elemente ausfindig zu machen, aus denen sich die Welt zusammensetzt, und durch welche Vorgänge sie zusammengehalten wird. In seinem Verzeichnis der Elemente erwähnt er Feuer, Wasser, Erde und Luft, und fährt dann fort: „und Liebe mitten unter ihnen, gleich ihnen an Länge und Breite – sie halte fest im geistigen Schauen und sitze nicht da mit geblendeten Augen. Sie ist es auch, welche man sich als den sterblichen Gliedern eingepflanzt vorstellt, die sie gütige Gedanken denken und freundliche Taten vollbringen läßt. Man nennt sie Freude und Aphrodite. Sie hat noch kein Sterblicher unter den Elementen der Welt beachtet." Ein Jahrhundert später, in der glanzvollsten Zeit der griechischen Philosophie, entfachten diese Worte die Seele Platos zu edler Entrüstung, und mit einem Übermaß von Beredsamkeit wandte er sich gegen die Herzlosigkeit der Weisheit seines Zeitalters:

„Wie seltsam ist es doch, daß der große und herrliche Gott Liebe keinen Lobredner hat, während andern Göttern zur Ehre Gedichte und Lieder gemacht werden! Die Weisen haben sich in ihren Prosaschriften weitläufig über die Tugenden des Herkules und anderer Helden ergangen und haben sogar die Nützlichkeit des Salzes zum Gegenstand beredten Vortrages gemacht; schon der Gedanke an das dadurch geweckte eifrige Interesse für derartige Dinge – während es bis auf diesen Tag noch keiner gewagt hat, würdig das Lob der Liebe zu singen – beweist, wie völlig diese große Gottheit bisher vernachlässigt worden ist." Ich glaube, in seiner Abhandlung über den Mut, „Lachesis", sagt Plato, daß irgend jemanden zu verletzen, selbst den verachtetsten Sklaven eine Verletzung des heiligen Bandes sei, das Götter und Menschen und Dinge in Freundschaft vereine. Dann vergehen – abgesehen von der Stimme der göttlichen Liebe, die ihre Botschaft den von Haß stumpfen Ohren der Menschen verkündete – mehr als 20 Jahrhunderte, in denen nur hin und wieder einzelne Geister kühn genug waren, auf jene himmlischen Töne zu lauschen und zu versuchen, sie in die rohe Erdensprache zu übersetzen. Augustinus, Thomas von Aquino, Thomas a Kempis (dessen „Meditationen" ich mit Freude gelesen habe), Spinoza, Jakob Boehme und einige andere Mystiker, sowie Francis Bacon standen mutig an der Grenzscheide ihrer Zeit und blickten sinnend tief in das weite, unbekannte Meer des Gefühls, das ewig unter der Dunkelheit unverstandener Worte wogt. Sie hatten einen durchdringenden Blick für die Wege und das Wirken der Liebe in den Formen der Nächsten- und der Selbstliebe. Boehme war es, der die nagenden, brennenden Begierden der Selbstsüchtigen den „dunklen Höllenwurm" nannte; auch die Schrift spricht davon, wenn sie sagt: „Ihr Wurm stirbt nicht, und ihr Feuer erlöscht nicht."

Aber erst als aus dem kalten Zeitalter der Vernunft, dem 18. Jahrhundert, Swedenborg hervorging, leuchtete die Liebe in Form einer Lehre wieder als der Mittelpunkt und das eigentliche Leben, als Schönheit und Erhalterin aller Dinge. Auf die Autorität der Bibel gestützt, entwickelte er diese Lehre im Umriß in den „Himmlischen Geheimnissen" und ausführlicher und systematischer in dem Werk „Die Göttliche Liebe und Weisheit." Die ganze Welt der menschlichen Erfahrung deutet er als Ausdruck dieser Liebe mit ihren verschiedenen Zuständen, ihren Wirkungen, Kräften und Aufgaben, ihrem aufbauenden oder verhütenden und ermutigenden Geheiß. Darüber hinaus sah Swedenborg, daß im höchsten Sinne die Liebe das Göttliche selbst ist und, „daß der HERR in den Geist der Engel und Menschen einfließt." Das stoffliche Weltall ist Gottes Liebe, gestaltet zu Formen, die den Nutzwirkungen des Lebens angepaßt sind. Gottes Wort, richtig verstanden, offenbart die Fülle und das Wunder seiner Liebe zu allen Menschenkindern. So konnte endlich ein blasser Strahl der Liebe von der göttlichen Seele her die Unendlichkeit durchdringen und den Geist der tauben, blinden Menschheit erreichen, und damit wurde das zweite Kommen des HERRN eingeleitet.

Swedenborgs Lehren über das Leben sind am besten zu verstehen, wenn wir zwischen Leben und Dasein sorgfältig unterscheiden. Der HERR verleiht jedem von uns Dasein, um uns das eigentliche Leben zu spenden. Seine unendliche Liebe drängt Ihn zur Schöpfung, weil Liebe der Wesen bedarf, denen sie ihren Reichtum an Güte und Wohltätigkeit schenken kann. In der Liebe, die das Leben des HERRN ist, finden wir den Ursprung der Schöpfung. Sein unendliches Verlangen, zu lieben, kann sich mit nichts Geringerem zufrieden geben als mit dem Dasein solcher Wesen, die seine Glückseligkeit in endlicher Weise empfangen können. Zugleich müssen solche Wesen frei und mit jener Vernunft begabt sein, die zur wahren Freiheit gehört. Das heißt, sie müssen Seine Gabe des Lebens mit Wissen und Wollen aufnehmen, wenn sie ihr eigen werden soll. Darum erleben wir Menschen zwei Geburten, den Eintritt ins physische Dasein und die Geburt ins geistige Leben.

Wenn wir auf die Welt kommen, sind wir völlig hilflos und abhängig, während wir bei der geistigen Geburt tätig mitwirken und in einem gewissen Sinne Schöpfer sind. Mit unserer Geburt ins Dasein haben wir nichts zu tun; denn wir müssen zuerst *da* sein, ehe wir etwas aus uns selbst machen können. Dagegen ist unsere Geburt ins Leben – die Wiedergeburt – eine Sache der freien Wahl, und wir sind sehr unmittelbar daran beteiligt; denn kein wirklich geistiges Leben kann uns gegen unseren Willen aufgedrängt werden.

Dies ist der Sinn der fortdauernden, liebevollen Einladung des HERRN an uns alle durch sein Wort, zu ihm zu kommen, das Leben zu wählen und stets auf der Hut zu sein vor dem Bösen, das uns des erwählten Lebens berauben will. Nur indem wir unsere geistigen Kräfte üben und unser Herz stets warm und rein erhalten, werden wir wirklich lebendig. Dieses schöne Werk der Neu-Schaffung „kommt nicht augenfällig"; es wird in den stillen Tiefen der Seele gewirkt. Denn, wie der HERR sagte: „Der Wind weht, wo er will, und du hörest seine Stimme, weißt aber nicht, von wannen er kommt, noch wohin er geht; so ist ein jeder, der aus dem Geiste geboren wird."

Darum sollten wir uns unter der Bekehrung nicht die Annahme eines bestimmten Glaubensbekenntnisses vorstellen, sondern die Wandlung des Herzens. Sie besteht in der Abwendung der Seele von den unedlen Trieben, die uns verführen, aus reiner Selbstsucht und aus Rücksicht auf die Meinung der Welt zu fühlen, zu denken, zu reden und zu handeln, und in der Hinwendung zu der Freude und dem Frieden, die in selbstloser Liebe zu Gott und einem Leben nützlicher Tätigkeit für andere liegen. Das Leben zu erwählen ist diese Freude – dieses köstliche Dehnen und Weiten von Geist und Herz, ohne das es keine Vollendung gibt, die der Mühe lohnt.

Aber die Wiedergeburt geschieht nicht, wie einige Leute zu denken scheinen, in einem Augenblick. Sie ist eine Wandlung, die über uns kommt, indem wir hoffen, streben und ausharren auf dem Weg der göttlichen Gebote. Eine lange Zeit stecken wir uns Ziele, als ob wir schon Engel wären, fallen jedoch immer wieder zurück in die alten weltlichen Gewohnheiten und handeln wie zuvor, das heißt, wie Sterbliche. Wir sind immerhin schon auf dem Wege zum Erfolg, wenn wir einsehen, daß wir etwas nicht schon darum tun dürfen, weil wir es immer getan haben, weil es jeder tut, und weil es bereits unsere Großväter so hielten. Wir können unser Leben in jedem Bereich der Erfahrung vertiefen, wenn wir uns nur um unsere Mitmenschen kümmern und uns nach den höchsten und hilfreichen Gedanken umtun, die uns von dem zukommen, der der „Weg, die Wahrheit und das Leben“ ist. Wenn wir uns einmal dazu entschließen und es furchtlos durchführen, geben alle äußeren Umstände und Hindernisse den Weg vor uns frei. Dann nehmen wir täglich unser Kreuz mit stärkerem Herzen und einem lichteren Ausblick auf das wahre Leben und dessen Glückseligkeit auf uns.

Auch Swedenborgs Geist öffnete sich nur langsam und unter tiefen Leiden für das höhere Licht. Die theologischen Systeme seiner Tage dienten kaum einem anderen Zweck als dem Streit und waren voll endloser Haarspaltereien, Höhlen gleich, in denen man leicht verloren gehen kann, und aus denen man den Ausweg nicht findet. Swedenborg mußte wichtige Schlüsselworte erklären wie *Wahrheit, Seele, Wille, Zustand, Glaube*, und manch anderen Worten einen neuen Sinn geben, um mehr von dem geistigen Gedankengut in der gewöhnlichen Sprache ausdrücken zu können. Für seine Lehren von der Liebe mußte er einen besonderen Wortschatz finden; ja, es schien beinahe, als lerne er selbst eine andere Sprache. Er sah sich vor irreführende Denkgewohnheiten gestellt, die sich so tief eingegraben haben, daß jeder, der vor allem seinen Sinnen traut, großen Mut braucht, um mit ihnen zu brechen. Rätselhaft wie in einem Spiegel sah er wohl die lebenerhaltenden geistigen Kräfte, aber eine ganz andere Aufgabe war es für ihn, sie auf ihren schönen Ursprung im Herzen der Liebe zurückzuführen und zu erklären in einer Zeit der kalten Vernunft, die über Glaubensbekenntnisse und Zweifelsfragen stritt. Der Versuch, „Gottes Gedanken ihm nachzudenken", wie Kepler sagte, war ein übermenschliches Unterfangen. Ich sehe keine andere Möglichkeit, um Swedenborgs Schwierigkeiten ahnen zu lassen, als auf die ungeheuren Hindernisse hinzuweisen, die einem Blinden begegnen müssen, wenn er anderen, mit dem gleichen Gebrechen Behafteten, helfen will. Er muß sein Leben lang mit mehr oder weniger Erfolg versuchen, die Sehenden die besonderen Nöte der Nicht-Sehenden und den Weg erkennen zu lassen, der ihr zerbrochenes Leben durch Freundschaft, Arbeit und Glück zu heilen vermag. Erstaunlich ist die tiefe Unwissenheit, die selbst unter den Gebildeten über die Blinden, ihre Gefühle, Wünsche und Fähigkeiten besteht. Die Sehenden glauben leicht, die Welt des Blinden – und insbesondere die Welt des Blinden und Tauben – sei ganz anders als ihre eigene, sonnenbeschienene, blühende Welt; seine Gefühle und Sinnesempfindungen seien wesentlich verschieden von den ihrigen, und sein geistiges Bewußtsein werde durch seine Gebrechen von Grund auf beeinflußt. Sie irren sich noch mehr, wenn sie meinen, daß er von aller Schönheit der Farben, Musik und Gestalt ausgeschlossen sei. Unzählige Male muß man ihnen wiederholen, daß die Urelemente der Schönheit – Ordnung, Form und Proportion – für den Blinden etwas Tastbares, Schönheit und Rhythmus aber das Ergebnis eines geistigen Gesetzes sind, das tiefer im Menschen wurzelt als die Sinne. Doch wieviele Sehende nehmen sich diese Wahrheit zu Herzen? Wieviele von ihnen unterziehen sich der Mühe, sich einmal der Tatsache zu versichern, daß ja die Taub-Blinden ihr Gehirn von gesunden, sehenden und hörenden Menschen erbten, und daß der Geist das schweigende Dunkel mit seinem eigenen Sonnenschein und seiner eigenen Harmonie erfüllt?

Swedenborg hatte bei der Übermittlung seiner Eindrücke als Seher an die Menschheit seiner Tage, deren Sinne so sehr der Materie verhaftet waren, viele ähnliche Schwierigkeiten. Wer weiß – vielleicht können die Beschränkungen jener Blinden, die doch Augen haben, um zu sehen, und der Tauben, die doch hören, sogar ein Mittel sein, um Gottes Botschaften hinab in die dunkelsten Stätten der menschlichen Unwissenheit und Fühllosigkeit zu tragen! Ich will nicht im geringsten anmaßend sein; doch hoffe ich, einiges Geschick dazu zu haben, meine Erfahrung mit dem *Leben in der Finsternis* hilfreich einzusetzen, wie Swedenborg seine Erfahrungen in den zwei Welten dazu benutzte, den verborgenen Sinn des Alten und Neuen Testaments aufzuhellen. Es ist mir ein Glück besonderer Art, Zeugnis von der Macht der göttlichen Liebe abzulegen und von ihrem Geschöpf, der menschlichen Liebe, die mich vor völliger Vereinsamung bewahrt und mir ermöglicht hat, mein Unglück zu einem Mittel der Hilfe und des guten Willens für andere zu machen. Andererseits bereitet es mir immer von neuem Kummer, wenn ich an die tragischen Anfangsworte der „Göttlichen Liebe und Weisheit" Swedenborgs denke: „Der Mensch weiß zwar, daß es Liebe gibt; er weiß aber nicht, was Liebe ist... Denkt er darüber nach, so sagt er entweder, weil er sich keine rechte Vorstellung von ihr machen kann, sie sei nichts Wirkliches, oder sie sei lediglich etwas, das aus dem Gesicht, Gehör, Gefühl oder aus dem menschlichen Umgang einfließe und somit anrege. Er weiß ganz und gar nicht, daß sie sein eigenstes Leben ist, nicht bloß das Leben der Gesamtheit seines Körpers und seiner Gedankenwelt, sondern auch das Leben jedes Einzelteils in diesem und in jenem. Dem Denker wird dies erkennbar, wenn man ihn folgendermaßen fragt: Was kannst du noch denken und tun, wenn du den aus der Liebe stammenden Trieb hinwegwegnimmst? Erkaltet nicht in demselben Maß, wie der Trieb der Liebe erkaltet, auch das Denken, Reden und Handeln? und umgekehrt, erwärmen sich diese nicht auch zugleich mit jenem? Der Denker sieht jedoch nicht auf Grund der Erkenntnis ein, daß die Liebe das Leben des Menschen ist, sondern nur auf Grund der Erfahrung, die es ihn lehrt."

Die Schwierigkeit besteht darin, daß die Leute die Äußerungen der Liebe, das Lächeln, die Blicke, die gütigen Taten, mit der Liebe selbst verwechseln. Ich würde den gleichen Fehler begehen, wenn ich meinte, daß das Gehirn aus eigener Kraft denkt, der Leib aus eigenem Antrieb handelt, die Stimme und Zunge ihre Schwingungen selbst verursachen, oder meine Hand irgend etwas unabhängig von mir erkennt. In Wirklichkeit wird auf alle diese Teile des Leibes vom Willen und Geist aus eingewirkt. Oder wie falsch wäre es, wenn ich meine Hand auf eine schöne Lilie legte, ihren Duft einatmete und darauf bestünde, daß Tast- und Geruchsempfinden von der Blume herrührten, während in Wirklichkeit meine Haut diese Sinnesempfindungen hervorbringt. Vor dieser Art Schein muß man sich hüten, wenn man über Liebe, Leben und geistige Tätigkeit spricht. Nach der üblichen Vorstellung ist Liebe etwas außerhalb des Menschen – ein umherschwebendes Etwas – ein unbestimmtes Gefühl, eine der Verallgemeinerungen, von denen man nicht reden kann, weil man keine deutliche Vorstellung damit verbindet. Swedenborg aber lehrt, daß Liebe kein abstrakter Begriff ohne Ursache, Gegenständlichkeit oder Form sei. Sie schwebt nicht durch die Seele, noch wird sie durch Berührung oder Anblick eines Gegenstandes ins Leben gerufen, vielmehr ist sie das innerste Wesen des Menschen, das seinen geistigen Organismus formt, und was wir als Liebe empfinden, sind lediglich die äußeren Zeichen jenes Wesenskernes. Die Liebe hält in Wirklichkeit alle menschlichen Tätigkeiten am Leben, ähnlich wie die Atmosphäre den Sinnen ihr Empfindungsleben verleiht.

Ich darf den Unterschied zwischen der Liebe und ihren äußeren Zeichen erläutern, mit denen sie oft verwechselt wird. Wenn wir nicht ein lebendiges

Gefühl vom wahren Wesen der Liebe bekommen, können wir sie nicht begreifen, wandeln, vertiefen oder läutern, um unsere Neigungen und unsere Freude zu erhöhen. Wir ziehen nur endlose Kreise um sie herum, in dem Bestreben, unsere Neigungen zu wandeln, uns und andere zu bessern, während die Liebe trauert, daß sie ausgeschlossen bleibt – oder wenn sie bösartig ist, verspottet sie uns in selbstgefälligem Dünkel. Mein Kampf mit meiner unvollkommenen Sprache bringt mich auf folgendes Beispiel einer verkehrten und umständlichen Methode, Hemmungen zu überwinden. Es wäre ein aussichtsloses Unterfangen, wenn ich meine Stimme dadurch verbessern wollte, daß ich auf die von ihr hervorgebrachten Laute einzuwirken suchte, wenn diese schon durch die Luft schweben. Nein, ich muß meine Stimmorgane üben, und auch das ist nur von Nutzen, wenn ich meine inneren geistigen Begriffe von der Sprache vervollkommne. Die Stimme ist im wesentlichen nichts Physisches, sondern das sich hörbar machende Denken. Sie erhält buchstäblich vom Geiste Gestalt, Farbe und Melodie. Weil mein leibliches Ohr verschlossen ist, bemühe ich mich beim Üben vor allem darum, zu echten Vorstellungen der Laute und Wörter in meinem geistigen Ohr zu gelangen, und je mehr ich mit Hilfe des Geistes die Sprache zu bilden vermag, desto besser werde ich von anderen verstanden werden. Sprache und Liebe scheinen weit entfernte Dinge zu sein, aber sie wurzeln im gleichen geistigen Gesetz. Das Leben mit all seinen Regungen, Zu- und Abneigungen und Interessen fließt aus der Liebe im Innersten des Menschen hervor; von ihr wird es gestaltet, gefärbt, und zuletzt in seinem Auf und Ab beherrscht. Darum sollte der Mensch danach streben, sich einen rechten Begriff von der Liebe als der tätigen, schöpferischen und gebietenden Macht zu bilden, um zu besseren Empfindungen und höheren Idealen zu gelangen und so sein leidenschaftliches Sehnen nach Glück zu stillen.

Man sollte die Liebe nicht als eine gesonderte Wirkung der Seele, nicht als Organ, Fähigkeit oder Funktion betrachten. Sie schließt das ganze Gefüge des bewußten Denkens, der Absichten, Vorsätze, Bestrebungen, Motive und Impulse in sich, die oft unterdrückt, doch stets vorhanden und bereit sind, sich zu irgend einem Zeitpunkt in Taten zu verkörpern. Sie nimmt Gestalt an durch unsere Fähigkeiten und Organe, durch Gesicht, Hände und Füße, sie wirkt und redet durch uns, und sie wird sich nicht durch irgendeinen äußeren Umstand aufhalten lassen, wenn sie einmal ein Ziel hat.

Mit der Wandlung, die in einem Menschen anhebt, wenn er sich seiner geistigen Fähigkeiten bewußt wird, beginnt der Prozeß der Wiedergeburt. Solche Wandlung tritt nicht nur nach Zeiten schmerzlicher Verluste und Sorgen ein, sondern oft auch nach Erlebnissen, um die der Mensch vielleicht allein weiß. Es kommt ein Tag, da ihm die Augen aufgehen und er sich selbst, seine gegenwärtige Lage und die Zukunft in ihren wahren Beziehungen erblickt. Die Maßstäbe der Selbstsucht fallen dahin, und er blickt nüchtern auf sein eigenes Leben.

Es ist verblüffend, zu sehen, wie viel die Menschen über die Wiedergeburt geschrieben und geredet, und wie wenig sie doch zur Sache gesagt haben. Laut und prahlerisch hat man gemeint, mit der Selbstbildung alle unsere Vollkommenheitsideale erreichen zu können. Wenn wir uns aber mit dieser Frage an die größten Männer und Frauen aller Zeiten und Völker wenden, so werden sie mit einem entschiedenen Nein antworten. Diejenigen unter ihnen, welche die größten Wissensschätze sammelten, werden sagen, daß die Wissenschaft zwar die meisten Übel zu heilen weiß, daß sie aber für deren schlimmstes, die Gefühlsstumpfheit der Menschen bisher noch kein Heilmittel gefunden hat. Man hat darauf hingewiesen – und Swedenborg tut das gleiche –, daß der Mensch schlimmer als ein Vieh ist, wenn er nicht zu Liebe und Mitgefühl erzogen wird. Er ist ein Tier ohne Hörner und Schwanz; er frißt zwar kein Gras, aber er wird mit seiner rücksichtslosen Kraft des Denkens zum mutwilligen Zerstörer. Er erfindet immer entsetzlichere Waffen, um seinen Menschenbruder im Kriege zu töten und zu verderben. Hilflose Tiere verstümmelt er der wechselnden Laune der Mode wegen, und mit einer Leidenschaft, die er nicht beherrscht, sucht er bei anderen die Fehler und das Anstößige herauszufinden. Viele andere Übel lassen sich zweifellos auf seine Unwissenheit zurückführen, aber dieser verderbliche Hang gewiß nicht. Seine Befreiung davon wird nicht durch Selbsterziehung bewirkt, es sei denn, daß sie von einem echten Verlangen getragen wird.

Eine andere große Gruppe wohlmeinender Leute ist der Ansicht, daß der Mensch durch eine Änderung seiner Umgebung weitgehend gebessert werden kann. Daran ist so viel Wahres, daß es annehmbar und einleuchtend erscheint; aber es wird überbetont und falsch angewandt. Nicht die Umgebung, sondern Kräfte, die in ihm zur Wirkung kommen, wandeln den Menschen. Die Blinden und die Tauben und alle, die um ihrer Überzeugung willen ins Gefängnis kamen, selbst die ärmsten Menschen mit gesunden Idealen, alle beweisen: Man kann sein Leben so gestalten, daß man dabei dem Ziel seiner Wünsche näher kommt, gleichgültig, unter welchen äußeren Umständen man leben muß.

Weil noch viel kindlich-Unreifes in uns ist, werden wir leicht ungeduldig und sagen uns: „O wenn uns das Los unserer glücklicheren Nächsten zugefallen wäre, dann könnten wir ein besseres, glücklicheres und nützlicheres Leben führen!“ Und wie oft hören wir einen jungen Mann sagen: „Wenn ich die

Möglichkeiten wie der Sohn meines Meisters hätte, dann könnte ich's zu großen Erfolgen bringen!" „Wenn ich nicht mit so gemeinem Volk verkehren müßte, dann würde ich sittlich stark werden", sagt ein anderer, und ein dritter klagt: „Wenn ich nur das Geld meines reichen Freundes besäße, so täte ich gern mein Teil zur Besserung der Welt."

Ich kämpfe gewiß ebenso sehr gegen unnötige Armut und entwürdigende Umstände wie irgend jemand, aber zugleich bin ich davon überzeugt, daß wir erfahrungsgemäß auch in einer anderen Lebenslage keinen Erfolg hätten, wenn wir in der gegenwärtigen versagen. Wir würden wahrscheinlich in jeder Lage sittliche Schwächlinge bleiben, wenn wir nicht wie die Lilie rein und stark über eine gemeine Umwelt hinauszuwachsen vermögen. Wenn wir der Welt nicht von dem Platz aus helfen können, an den wir gestellt sind, könnten wir das auch nicht von irgendeinem besseren aus. Die entscheidende Frage ist nicht, wie unsere Umgebung beschaffen ist, sondern welche Gedanken wir täglich denken, welchen Zielen wir folgen, mit einem Wort, was für Männer und Frauen wir tatsächlich sind. Das arabische Sprichwort ist bewundernswert wahr: „Das ist Deine Welt, in der Du Dich selbst findest."

Swedenborg hat alle diese verschiedenen Lehren im Sinn, wenn er darlegt, daß die Menschen nicht plötzlich wiedergeboren werden können, weil sonst ihrem Geist und ihrer Selbstachtung heftige

Gewalt geschähe. Schritt für Schritt müssen die Menschen vorwärts schreiten, ihre inneren Augen an immer stärkeres Licht gewöhnen, ehe sie das blendende Licht neuer Wahrheiten ertragen können, denn nur, wenn sie Lust dazu empfinden, können sie sich einem Leben des Guten zuwenden. Diese Lustreize sind es nämlich, die ihnen die Freiheit erhalten und ihnen schließlich die Kraft zur Entscheidung geben. Der einzige heilsame Weg für uns Sterbliche, uns über unser altes Ich zu erheben und unsere Welt neu aufzubauen, besteht im Zusammenwirken mit dem HERRN und im Vertrauen auf seine unermüdliche Hilfe; im Lernen und immer besseren Verstehen der Wahrheiten des Wortes Gottes, im Gehorsam und schließlich im Tun des Guten um des Guten willen. Wie sind die Menschen zu bedauern, die sich die Verdienste Christi zurechnen möchten oder den Himmel als „Lohn" verlangen! Wäre es nicht viel edler, wenn sie in ihr eigenes Herz schauten und den Drachen der Selbstsucht austrieben? Diese Art der Buße können die Menschen rasch vollbringen, aber sie müssen langsam wachsen, und zwar so frohmütig wie möglich, sonst werden sie nie dauerhafte Charakterstärke erlangen. Ja, unsere Neugeburt wird niemals aufhören, weder in diesem Leben noch im anderen, weil es immerfort mehr zu lieben, mehr zu wissen und mehr zu erreichen gibt.

VII

UNSER REICHTUM AN FREUDE
DIE GÖTTLICHE VORSEHUNG

SWEDENBORGS Aussprüche über Freude und Glück sind zahllos wie die Blüten und Blätter eines Obstbaumes im Frühling; und das ist nicht verwunderlich, erklärt er doch, daß das Leben des Menschen in der Freude an dem besteht, was er liebt. Wo das Herz kalt ist, findet sich kein lebendiges Interesse, ohne Anregung gibt es aber auch keine Freude. Menschliches Glück setzt sich aus zahllosen kleinen Freuden zusammen, wie die Zeit aus Minuten und Sekunden; aber wenige Menschen mit gesunden Sinnen denken darüber nach, und noch weniger nehmen sich die Zeit, die ihnen zugefallenen Segnungen zu zählen. Täten sie es, sie hätten so übermäßig viel damit zu tun, daß schon der nächste strenge Ruf zur Pflicht ihren entzückten Ohren wie Musik klingen würde.

Ich beziehe mich mit diesen Feststellungen nicht auf den Hedonismus, dessen letztes Ziel das Glück und nicht die Nutzwirkung ist. So hoffe ich, daß es keinem ernsten Leser leichtfertig erscheinen möge, wenn ich die Welt einem Tische vergleiche, den der göttliche Wohltäter der Seele zum Festmahl bereitet hat. Jede geistige Fähigkeit und jeder körperliche Trieb haben ihre entsprechenden Freuden, die als Mittel der Erneuerung und des Aufbaues dienen. Jede Anlage in der körperlichen und geistigen Natur des Menschen sollte Gelegenheit haben, sich dem zuzuwenden und sich das anzueignen, was ihr entspricht und sie befriedigt. Es ist nicht nötig, wie man so oft meint, die natürlichen Freuden aufzugeben, um zu den geistigen zu gelangen. Im Gegenteil, je mehr wir innerlich wachsen, desto höher schätzen wir sie. Welch köstliche Gabe sind beispielsweise Trauben, von einem lieben Freund gesandt, mit ihrer runden Schönheit, ihrer Farbe, ihrem herrlichen Duft – wieviel Liebe und Poesie liegt darin! Wie reich und mannigfaltig sind die wonnevollen Düfte der Blumen, die den Kopf erfrischen und unser Herz zum Blühen bringen! Wie bezaubert stehen wir immer wieder vor dem Wechsel von Himmel, Erde und Wasser und blicken in einen lieblichen Spiegel der höheren Welt, dahin es unseren Glauben und unsere Träume zieht.

Diese Welt ist so voller Sorgen und Leiden, daß es zu einer schönen Pflicht der Nächstenliebe wird, einander die lichten Kristalle der Freude zu entdecken, die selbst in düsteren Umständen und verdrießlichen Aufgaben verborgen liegen. Swedenborg, der ein so riesiges Lebenswerk schuf, sah unerschöpfliche Freudenschätze inmitten der mühseligen Tagesarbeit. Aus seinem Herzen, wie aus der Fülle des Himmels entspringen folgende Worte der „Wahren Christlichen Religion“:[21]

„Das Angenehme der Liebe selbst ist zugleich das Angenehme der daraus hervorgehenden Nächstenliebe und die Ursache davon, daß man das Angenehme als das Gute zu bezeichnen pflegt; und das Anmutige der Weisheit ist zugleich das Anmutige des Glaubens und bewirkt, daß die Wahrheiten Wahrheiten heißen; denn die Freude und das Schöne machen ihr Leben aus. Ohne das Leben aus ihnen ist das Gute und Wahre wie unbeseelt und unfruchtbar."

„Die Liebe, deren Freude im wesentlichen Gutes ist, ist wie die befruchtende und belebende Sonnenwärme, die auf empfänglichen Boden, auf Fruchtbäume und auf Saaten einwirkt; wo sie einwirkt, da entsteht etwas wie ein Paradies, ein Garten Jehovahs, gleichsam ein Land Kanaan. Das Schöne des Wahren ist wie das Licht in der Frühlingszeit und wie das Licht, das in ein Kristallgefäß mit schönen Blumen einfließt, denen beim Aufblühen Wohlgerüche entströmen."

Während Selbstsucht und Klagen das Gemüt verderben und umwölken, klärt und schärft die Liebe mit ihren Freuden den Blick. Sie macht die Wahrnehmung so feinfühlig, daß man Wunder in dem sieht, was einem zuvor nichtssagend erschien. Sie erneuert die Quellen der Inspiration, und ihre Freude sendet einen frischen, blutvollen Lebensstrom durch unsere trägen, verschlackten Geisteskräfte.

Unter denkenden Menschen reift das Gefühl für die große Rolle, welche die Freude bei Wachstum und Selbsterziehung, sowie bei der Aneignung edlerer Neigungen spielt. Was verlockt ein Kind zum Lernen, wenn nicht seine Freude am Wissen? Und befähigen nicht die Freuden des Geschmackssinnes den Körper zur Nahrungsaufnahme? Welcher Geist, der überhaupt denkt, wählt nicht die Gedanken aus, die ihm gefallen, und läßt alle anderen mehr oder weniger unbeachtet beiseite? Was tut ein Mensch mit dem geheimsten Verlangen seines Inneren? Richtet er es nicht auf irgendein lockendes Eldorado, und harrt er nicht des Tages, da er seinen Traum verwirklichen kann? Was ist die Lust des mutigen Abenteurers im Grunde anderes als ein solches Träumen, und doch führt sie zu neuen Entdeckungen und zur Bereicherung der natürlichen Hilfsquellen der Menschheit?! Warum erträgt der Wissenschaftler oft mühsame geistige Arbeit und Widerwärtigkeiten, wenn nicht um der Befriedigung willen, die es ihm bereitet, neue Wahrheiten zu verstehen oder anderen auf neue Weise nützlich zu sein? Ein wirklich weiser Lehrer oder Freund und echter Reformer wird nicht versuchen, den Übeltäter mit Gewalt auf den rechten Weg zu schleppen. Geschickt verbindet er vielmehr Strenge und Güte, um den halsstarrigen Willen zu erweichen und das trotzige Gemüt für rechtes Denken zu gewinnen. Wer aus Herzensgüte ein wohltuendes

Wort spricht, ein freundliches Lächeln spendet oder einem anderen Menschen die Wege ebnet, der weiß, daß die Freude, die er dabei empfindet, ein ganz innerlicher Teil von ihm ist, durch den er lebt. Was gleicht der Freude, die uns beseelt, wenn wir Hindernisse bewältigen, die einst unüberwindlich schienen und die Grenzen unserer Fertigkeiten erweitern? Ach wenn doch alle Menschen, die dem Glück nachjagen, nur eine Minute innehielten und nachdächten, so würden sie die Freuden erkennen, die sie wirklich erleben: sie sind so zahlreich wie die Gräser zu ihren Füßen und die funkelnden Tautropfen auf den Blumen in der Frühe!

Und doch, wie wenigen Menschen begegne ich, die sich diesen Reichtum an Freude vergegenwärtigen! Ich muß mich zugleich wundern und sorgen, welche Abwege sie bei ihrem Streben nach dem Glück einschlagen. Sie erwarten es bei den merkwürdigsten Gelegenheiten: sie besuchen Könige und Königinnen, um sich vor ihnen Zu verneigen; sie erhoffen das Glück von Reisen und aufreizenden Erlebnissen; sie graben danach in den Tiefen der Erde, in der Meinung, es ruhe in verborgenen Schätzen. Andere wieder berauben sich der Freude, weil sie um der Religion, der Konvention oder einer Parteipolitik willen ihren Verstand in abergläubische Fesseln schlagen. Sie sind erbarmungswürdig blind, taub und unterernährt, während doch eine Welt köstlichen Reichtums in ihnen bereit liegt, um ihr Herz und ihr Gemüt mit Segen zu überschütten, Gottes Gabe aus Seiner Glückseligkeit, die sie nicht wahrnehmen.

Wenn man einem Menschen dazu verhilft, daß er sich selbst entdeckt, so bedeutet das für ihn oft, daß er überrascht neue Freuden findet. Denn die Freude dient als ein Mittel der Selbsterkenntnis. Swedenborg sagt, wenn der Mensch sich daraufhin prüfte, was ihm Lust bereitet, so würde er oft erkennen, daß er sich selbst zum Mittelpunkt macht, weil er den größten Teil seiner Kräfte darauf richtet, sein Leben nur für sich zu gestalten und sich Wissen für seine persönlichen Ziele anzueignen. In Wirklichkeit aber entspringen die bleibenden Freuden dem selbstlosen Streben, anderen zu dienen und dadurch neues Leben in der Welt zu schaffen. Diese selbstlosen Freudengefühle werden dem Menschen Beifall zuflüstern, und seine Lebenskraft wird sich verdreifachen, weil er sich neuer Fähigkeiten und neuer Einsichten in sich selbst bewußt wird. Nur wenn du die Spuren deines Geistes bis zum Ursprung seiner Freuden zurückverfolgst, wirst du deine eigene Form, dein Antlitz schauen und dein Schicksal im Buch des Lebens lesen.

Swedenborg sagt aber auch, ein Mensch mit unschönen Lüsten, der jedoch die geistige Ehrlichkeit besitzt, sie sich einzugestehen, und ernsthaft versucht, sein Herz zu Höherem zu erheben, brauche keineswegs zu verzweifeln. Sobald der alte

Bann gebrochen ist, wird reines Glück so unwiderstehlich in seine Seele einströmen, wie frische Luft durch die geöffneten Fenster einer lange verschlossenen Wohnung, und mit seinem neuen Glücksgefühl wachsen auch seine Kräfte, die äußeren Umstände nach seinem Wunsche zu gestalten. Er würde einen Fehler begehen, wenn er der Befürchtung Raum gäbe, der Feind könne durch eine Bresche in seinem einmal gebrochenen Wall der Selbstverteidigung eindringen. Anstelle jeder Furcht kann er eine neue Freude aufrichten und auf sie den Geist lenken, bis die Prüfung bestanden ist. Das ist auch der Sinn dessen, was im modernen Denken unter dem „Steckenpferd" verstanden wird, und es ist in der Tat wunderbar zu lesen, wie vielen unglücklichen Männern und Frauen damit aus scheinbar hoffnungslos bösen Neigungen zu ungeahnter Selbstentwicklung verholfen wird, wahrlich eine vom Himmel geschenkte Psychotherapie! Die Vergebung der Sünden besteht darin, daß sich der Born himmlischer Freuden auftut und das zerschlagene Herz erfüllt, sobald man falsche Wünsche und böse Gedanken ausgetrieben hat und im Einklang mit den Mächten des Guten wirkt.

Freilich sollte jedermann Zeit für irgendeine besondere Freude finden, und wären es auch nur fünf Minuten jeden Tag, um eine liebliche Blume, eine Wolke oder einen Stern zu suchen, einen Vers zu lernen oder einem Mitmenschen eine eintönige

Pflicht etwas aufzuheitern. Was nützt der ganze schreckliche Fleiß, mit dem viele sich ermüden, die es um widriger Pflichten und Verhältnisse willen immer wieder aufschieben, einmal der Schönheit und Freude zuzulächeln? Wenn sie diese lichte, frische und ewige Gegenwart nicht in ihr Leben einlassen, wie sie könnten, so müssen sie sich ja notgedrungen vom Himmel ausschließen – und etwas wie ein grauer Staub legt sich auf ihr ganzes Dasein. Daß der Himmel lichter ist als die Erde, will wenig besagen, wenn man nicht auch die Erde würdigt und genießt. Die Liebe zu ihrer Schönheit gibt einem das Recht, den Strahlen des Sonnenaufganges und der Sterne entgegenzustreben.

Es gibt nur wenige Heilige oder Genies; eine Hoffnung aber besteht für alle Menschen: Jede reine Freude, die wir hegen, wird zu einem „Brennpunkt des guten Wollens“, und jedes liebliche Bild, bei dem wir verweilen, jede Harmonie, der wir lauschen, alles Anmutige und Zarte, das wir mit behutsamer Hand berühren, läßt eine ganze Schar lieblicher Gedanken sich aufschwingen, die weder Sorge noch Armut oder Schmerz zerstören können. Freude ist die Stimme der Liebe und des Glaubens, die zuletzt das Wort des ewigen Lebens aussprechen wird: „Wohlgetan!“

Die Freude ist von den durch Swedenborg verkündeten Lehren nicht zu trennen. Das war in jenen Tagen ein neuer Ton in der Philosophie, der nach den Bußübungen des Mittelalters und der Düsterkeit seiner Glaubensbekenntnisse seltsam erklang. Eine der Überraschungen seiner Lehre liegt in der umfassenden Bestimmung der Freude, dem Leben zu dienen. Swedenborgs hoher Glaube an die Fähigkeit des Menschen, das Glück der Ehe zu vertiefen und für eine schöne Kindheit zu sorgen, ist dem ängstlichen Mißtrauen, den niederen Idealen und den törichten Erziehungsmethoden, die unter uns vorherrschen, noch immer weit voraus. Mit einem Wort: Wahres Leben besteht darin, die Freudefähigkeit des Herzens voll auszuschöpfen.

Wir beginnen allmählich die göttliche Vorsehung zu verstehen, wie Swedenborg sie uns in einem Gefüge großer, edler Gedanken, die der Größe der Vorsehung entsprechen, beschreibt. Bisher ist sie durch umstrittene Dogmen verdunkelt, ihr Sinn wurde oft dahin verzerrt, als bestehe sie in der Fürsorge für einzelne Begünstigte, was doch die Vernachlässigung der anderen in sich schlösse. Hingegen zeigt Swedenborgs Lehre die Vorsehung als Herrschaft der Liebe und Weisheit Gottes samt ihren Nutzwirkungen. Da Gottes Liebe sich nicht an einem Wesen weniger, an einem anderen mehr erweisen kann, oder seine Liebe sich an einem Dinge in geringerer Fülle als an einem anderen zu offenbaren vermag, muß seine Vorsehung notwendigerweise allumfassend sein.

Eine jener Vernachlässigungen, auf die man immer wieder hinwies, war die Ausschließung eines großen Teiles der Menschheit von den Segnungen der Heilstat Jesu Christi. Immerhin macht diese Vorstellung heute der weitherzigeren Einstellung Platz, daß Gott „noch andere Schafe hat, die Seine Stimme hören und Ihm gehorchen." Ist doch überall eine Art Religion vorgesehen, und bleibt es doch im Grunde gleichgültig, zu welcher Rasse oder zu welchem Glaubensbekenntnis ein Mensch gehört, wenn er nur seinen Idealen vom rechten Leben treu bleibt. Alle sollten jedoch den einen Grundsatz bedenken, daß nämlich Religion darin besteht, eine Lehre zu *leben* und nicht, sie nur zu glauben. Die Göttliche Vorsehung ließ Mohammed erstehen, um den Götzendienst zu stürzen. Dieser große Prophet lehrte eine Religion, die der besonderen Geistesart der Orientalen angepaßt war; das erklärt den mächtigen Einfluß zum Guten, den dieser Glaube in vielen Reichen ausgeübt hat. Die ganze Geschichte des religiösen Denkens verkündet laut und eindringlich, daß Gott nie ohne einen Zeugen geblieben ist.

Wo auch immer die Dogmen eines Volkes entarten, wie es in der Tendenz des konventionellen Gottesdienstes liegt, da gibt es doch einfache, gute Menschen die Menge, die von der Verderbnis der Oberschicht nicht berührt werden und darum keinen Schaden nehmen. Wenn wir von dem Besten, Himmlischen in unserem Gemüt auf die Göttliche

Vorsehung blicken, gewähren uns unsere eigenen Lebens-Erfahrungen einen wertvollen Unterricht über Weisheit und Nutzen des Lebens, und wir fühlen seine Harmonie; betrachten wir aber Gottes Wege von einer Welt der Unfälle, der Zufälligkeiten und des Zwiespalts aus, so mißverstehen wir sie ganz und gar. Dann erscheint uns Gott als willkürlicher Verteiler von Lohn und Strafe, parteiisch für seine Günstlinge und rachsüchtig gegen seine Widersacher. Welch anmaßenden Anspruch auf Seine unendliche Größe erheben wir mit unserem engherzigen Patriotismus, wenn wir zu Ihm um den Sieg beten! Wir wurden zu kriegführenden Parteien – und wo ist Er? Man hat sogar schon zu mir gesagt: „Wenn es einen Gott gäbe, würde er dann den Menschen nicht so geschaffen haben, daß er niemals sündigen könnte?“ Als ob irgend jemand wünschen könnte, ein Automat zu sein! Nur einen Despoten könnte es befriedigen, die Möglichkeit zur Sünde auszuschließen; erschaudert der Geist nicht bei einer solchen Vorstellung? In der Tat erweist sich zuletzt jede Gottesleugnung als Leugnung der Freiheit und wahren Menschentums. Der lebendige Wert eines Glaubens hängt nicht von unserer beschränkten Erfahrung ab, sondern von dem Segen, den er für die Menschheit bedeutet. Letztlich kann allein die Lehre von der allumfassenden Güte Gottes unser Wissen rechtfertigen und unserer Kultur Würde verleihen. In einer solchen Anschauung sind mancherlei Gaben vereint, vor allem das Vermögen, über sich selbst hinauszuwachsen und alles Edle im Menschen und Wunderbare im Weltall zu würdigen.

Swedenborgs „Göttliche Vorsehung“ legt ein mächtiges persönliches Zeugnis für die Wahrheit ab, daß Gott das Weltall schuf aus dem unendlichen Bedürfnis Seines Wesens, Leben und Freude zu spenden. Wie nutzlos und hohl ein Glaube an eine ferne, unnahbare Gottheit ist, zeigt uns manche Stelle dieses ermutigenden Buches. Der Verfasser erklärt: „Es ist das Wesen der Liebe Gottes, andere zu lieben, eins mit ihnen sein und sie aus sich beglücken zu wollen.“ In diesem Satz ist die göttliche Vorsehung in ihrer Fülle zusammengefaßt, und wir müssen uns von ihr wie von einem Strome tragen lassen, wenn wir unser Teil zur geistigen Erneuerung beitragen wollen.

Darum hat die göttliche Vorsehung in den Wechselfällen unseres Lebens nicht nur unsere zeitlichen Segnungen, sondern hauptsächlich unser ewiges Wohl und Glück im Auge. Die unzähligen kleinen Dinge, die durch unsere Hände laufen, die kleinen Gelegenheiten, die jeder Tag mit sich bringt, Gott läßt sie uns in Freiheit gebrauchen oder mißbrauchen. Er geht unwandelbar seinen stillen Weg, und wahrt doch jedem Menschen das Recht, in Freiheit nach der Vernunft zu handeln. Denn Freiheit und Vernunft sind Wahrzeichen Seiner Gabe der Unsterblichkeit für die Menschheit.

Da wir alle nur zu sehr zu einem selbstsüchtigen Leben neigen, muß notwendig etwas in uns sein, das diesem Hang entgegenwirkt. Sollen wir ein besseres Leben erwählen, so müssen wir zuerst etwas von einem solchen Leben wissen. Was würde uns davor bewahren, immer mehr zum Tier zu werden, wenn nicht andere Neigungen edlerer Art in uns vorhanden wären? Nur wenn wir sowohl das Gute als auch das Böse kennen, können wir frei und weise den rechten Weg wählen.

Auf das alles mußte hingewiesen werden, um Swedenborgs Lehre von den „reliquiae" als einem mächtigen Faktor bei der Gestaltung des Lebens zu erklären. Dieses Wort, oft mit „Überresten" übersetzt, bezeichnet die tiefen Eindrücke von der Liebe, der Wahrheit und der Schönheit, die uns aus den Tagen unserer Kindheit geblieben sind. Bei unserer Geburt sind wir passiv, und unsere ererbten bösen Neigungen ruhen noch. Aus diesem Grunde ist das kleine Kind dem Himmel so nahe und spüren wir oft, daß die Engel ihm dienen. „Ihre Engel schauen alle Zeit das Antlitz meines Vaters in den Himmeln." Wahrlich, das Kind kommt in „Wolken der Herrlichkeit", mit so ganz besonderen Eigenarten und Möglichkeiten, daß es sich von jedem anderen menschlichen Wesen unterscheidet. Vom HERRN allein empfängt es die Fähigkeiten zum Guten und zur Weisheit, und der Himmel umgibt es mit einer höchst wirklichen Sphäre wie mit Sonnenschein. So erklärt Swedenborg die schöne Unschuld und das Vertrauen des kleinen Kindes. Etwas von dieser Unschuld und diesem Vertrauen bleibt uns immer erhalten. Diese in uns bewahrten Fähigkeiten sind die heiligen Stätten, wo wir unsere Verwandtschaft mit dem Göttlichen fühlen, sie sind die Opferstätten, wo Sterbliches und Unsterbliches sich begegnen; sie sind die Zelte der Prüfung, wo die großen geistigen Kämpfe des Menschenlebens ausgefochten werden. Hier ist der Ort der Tränen, des Todeskampfes und der blutige Schweiß von Gethsemane. Glücklich der Mensch, der sagen darf: Hier war auch der Sieg!"

VIII

DER SIEG ÜBER DAS LEID
MEIN NEUES LEBEN

EINST BETRACHTETE man Unglück als Strafe Gottes, als eine Last, die man in frommer Ergebenheit zu tragen habe. Die einzige Möglichkeit der Hilfe für die Opfer des Unglücks sah man darin, ihnen zuerst beizustehen und sie dann ihrem Nachdenken und einem ergebenen Leben im Tale des Schattens zu überlassen. Heute ist uns klar geworden, daß ein Leben der Zurückgezogenheit ohne jegliches Streben den Geist schwächen muß. Dasselbe gilt ja auch vom Körper; seine Muskeln erschlaffen, wenn sie nicht gebraucht werden. Wenn wir nicht irgendwie über unseren beschränkten Erlebnisbereich hinauswachsen und unser Gedächtnis, unseren Verstand und unser Mitgefühl üben, so werden sie träge und unbrauchbar. Indem wir gegen die Hindernisse, Versuchungen und Fehlschläge der Welt ankämpfen, erreichen wir unsere höchsten Möglichkeiten. Das nennt Swedenborg „die Welt verleugnen und Gott dienen".

Gleichgültig ob wir krank oder gesund, blind oder sehend, gebunden oder frei sein mögen, wir leben zu einem bestimmten Zweck, und Gott hat jedenfalls mehr Gefallen an nützlichen Taten als an vielen Gebeten oder frommem Verzicht. Tempel und Kirche sind eitel und leer, wenn nicht das Gute des Lebens sie erfüllt. Nicht die Menge der Bausteine ist der Maßstab für Größe oder Kleinheit von Tempel oder Kirche, sondern der helle Lichtschein tapferer Seelen in ihnen. Der Altar ist nur heilig, wenn er den Altar unseres Herzens darstellt, auf dem wir die einzigen Opfer darbringen, die Gott je gebot: eine Liebe, die stärker ist als der Haß und einen Glauben, der alle Zweifel überwindet.

Ein schlichter, kindlicher Glaube an einen Göttlichen Freund löst alle Fragen, die uns auf Erden begegnen. Schwierigkeiten treffen uns an allen Ecken und Enden. Sie sind die ständigen Begleiter des Lebens und ergeben sich aus dem Zusammenspiel von Umwelt und persönlichen Eigenschaften. Der sicherste Weg, sie zu überwinden, besteht im Glauben an unsere Unsterblichkeit und an unseren Freund im Himmel, der „nicht schlummert noch schläft", der über uns wacht und uns führt – wenn wir Ihn nur gewähren lassen. Haben wir einmal diesen Gedanken unserem innersten Sein tief eingeprägt, so dürfen wir nachher alles tun, was wir wollen, ohne unsere Wünsche einschränken zu müssen, und von der Schönheit der Welt trinken, soviel wir nur fassen.

Jede Wunde, die uns das Leben schlägt, wird uns durch zartes Mitgefühl entgolten. Aus Schmerz erwachsen die köstlichen Früchte der Geduld und jener Zufriedenheit, die mit dem Abendstern in unser Herz einzieht, aus Schmerz entspringt auch jenes heilige Feuer, das einst die Lippen des Jesaja berührte und sein Leben zum Geist entfachte. Dem wunderbaren Reichtum unseres menschlichen Erlebens würde etwas vom Lohn der Freude verlorengehen, wenn wir keine Hindernisse zu überwinden hätten. Ohne das dunkle Tal und den Aufstieg wäre die Gipfelrast nicht halb so herrlich.

Ich habe meine Behinderungen nie in irgendeinem Sinne für Strafen oder Zufälle gehalten. Ich hätte sonst nicht die Kraft gefunden, sie zu meistern. Mir schien immer eine ganz besondere Bedeutung in den Worten des Briefes an die Hebräer zu liegen: „Werden wir gezüchtigt, so handelt Gott mit uns wie mit Söhnen". Swedenborgs Lehren geben mir recht. Er erklärt das so oft mißverstandene Wort Züchtigung nicht als Strafe, sondern als Zucht, Ertüchtigung, Verfeinerung der Seele.

Die „Wahre Christliche Religion" ist voller Anregungen, die zum Glauben an unsere gottgegebenen Kräfte und an unsere Selbsttätigkeit anspornen. Die Kapitel über den Glauben und die Willensfreiheit sind ein machtvolles Manifest gegen die menschliche Passivität: nie sollen wir uns irgendwelchen Umständen, Unglücksfällen oder selbst unseren Fehlern hoffnungslos und untätig ergeben und Statuen gleich mit reglosen Gliedern darauf warten, daß Gottes Gnade uns in Bewegung setze. Wir sollen geistiger Knechtschaft gar keinen Raum in uns gewähren, sondern die Initiative ergreifen, furchtlos in unser Inneres blicken, nach neuen Ideen und Wegen ausschauen, was zu tun ist und wie wir unsere Willenskraft entwickeln können. Dann wird uns Gott Licht und Liebe genug für die Überwindung all unserer Nöte spenden.

Alle Hindernisse sind Formen solcher Züchtigung, um uns zur Selbsterziehung und wahren Freiheit aufzurufen. Sie sind uns als Werkzeuge in die Hand gegeben, um damit das Gestein wegzuhauen, unter dem die höheren Gaben in uns verborgen liegen. Sie reißen die Binde der Gleichgültigkeit von unseren Augen, wir sehen die Lasten der anderen, und wir lernen, wie wir, der Forderung des Mitgefühls gehorchend, ihnen helfen können.

Das Beispiel eines eben erblindeten Menschen ist so sinnfällig, daß es uns als Modellfall für jegliche Lebensschule dienen kann. Nachdem er sein Augenlicht eingebüßt hat, meint ein solcher Mensch zuerst, es bleibe ihm nun nichts als Leid und Verzweiflung. Er fühlt sich von allem ausgeschlossen, was menschliches Leben heißt; es erscheint ihm nun wie Asche auf einem erkalteten Herd. Das Feuer seines Ehrgeizes ist erkaltet, das Licht der Hoffnung erloschen. Die Dinge, die ihm einst Freude bereiteten, scheinen nun gleichsam mit scharfen Kanten nach ihm zu stoßen, während er mühsam seinen Weg tastet. Selbst jene, die ihn lieben, erbittern ihn unwissentlich, weil er ihnen nicht mehr mit seiner Arbeit dienen kann. Und versucht schließlich ein weiser Lehrer und Freund ihm klar zu machen, daß er ja noch mit seinen Händen arbeiten, ja daß er auch sein Gehör dazu ausbilden könne, daß es weitgehend die Funktion der Augen zu übernehmen vermag, so glaubt es der Unglückliche oft nicht und deutet es in seiner Verzweiflung gar als Spott. Wie ein Ertrinkender schlägt er blindlings nach jedem, der ihn zu retten sucht. Dennoch muß man den Leidenden auf irgendeine Weise vorwärtsdrängen, und wenn er erst einmal erkannt hat, daß er wieder mit der Welt in Verbindung treten und menschenwürdige Aufgaben zu übernehmen vermag, dann kommt in ihm zur Entfaltung, was er vorher nicht einmal geträumt hatte. Ist er empfänglich für Weisheit, so entdeckt er schließlich, daß das Glück sehr wenig mit den äußeren Umständen zu tun hat, und er geht seinen dunklen Weg mit einer größeren Entschlossenheit als je zuvor.

So können und müssen auch die „im Schmelzofen der Welt“ geistig Erblindeten dazu gedrängt werden, nach neuen Fähigkeiten in sich selbst zu suchen und sich neue Wege zum Glück zu erarbeiten. Freilich kann es geschehen, daß sie es übel nehmen, wenn man Besseres von ihnen erwartet. Sie sagen ja tatsächlich Oft: „Ich will zufrieden sein, wenn ihr mich so nehmt, wie ich bin, – träge oder gemein, hart oder selbstsüchtig“. Aber ist es nicht für sie selbst wie für die ewige Würde des Menschen beleidigend, sich damit abzufinden? Wie oft überkommt uns der Gedanke, daß vieles in uns auch unsere nächsten Freunde nicht ahnen können, und daß überhaupt mehr in uns ist, als wir je an den Tag legen dürfen, wollen oder können – mehr Gefühl, mehr Kraft und mehr Menschlichkeit? Wie wenig kennen wir uns selbst?! Hindernisse und Versuchungen sind uns nötig, um unser Inneres aufzuschließen, unsere Unwissenheit zu beheben, die Masken abzureißen, alte Götzen zu stürzen und falsche Maßstäbe zu zerbrechen. Nur durch unsanftes Aufrütteln kann uns Gott zu einer Stätte des Friedens führen, wo uns das ewig aufdringliche Äußere weniger verkrampft und behindert. Erst dann entdecken wir den ganzen Umfang der Güte, Schönheit und Wahrheit.

Solche Erfahrungen lassen uns eine wunderbare Deutung der Worte des HERRN gewinnen: „Wahrlich, wahrlich, Ich sage euch, wer den aufnimmt, den Ich gesandt habe, nimmt mich auf". Wir dürfen gewiß sein, daß stets das ganze Reich der Liebe und Weisheit zugegen ist, wenn wir die Begrenzungen unseres Lebens überwinden und so die höheren Ideale verwirklichen. Auf diese Weise lernen wir, daß im Hinausdrängen über unsere Grenzen, in der lauteren Sehnsucht nach dem Höheren und im Streben danach der Weg zu echter Reife besteht. Je deutlicher uns der tiefere Sinn unseres Alltagslebens wird, desto mehr wachsen wir innerlich.

Das Auge wird umso vollkommener, je mehr Einzelheiten es an den Gegenständen schauen lernt. Den physischen Augen des Menschen erscheint die Erde flach, und auch der Sternenhimmel zeigt sich uns nicht anders als den Menschen des Altertums. Und doch hat die Wissenschaft unzählige neue Wunder und Herrlichkeiten hinter diesen Erscheinungen entdeckt! Ein Kind sieht an seiner Umgebung nur das, was es will oder nicht will, wenn aber Newton im Fall eines Apfels das Wirken einer Universalkraft erkennt, so dringt er damit viel tiefer als das gewöhnliche Auge. Ebenso unser Geist: Wir wachsen mit der Fähigkeit, die im Alltag enthaltenen Möglichkeiten zu einem neuen geistigen Leben zu erkennen. Vergessen oder mißachten wir aber diese Lebenstatsache, so führen uns die Sinne in die Irre. So sind Hindernisse notwendig, um uns die von Gott gegebenen günstigen Gelegenheiten zu zeigen und uns den Reichtum inneren Lebens nahezubringen, der sich in unseren Daseinsbedingungen darbietet.

Der bleibende Dienst Swedenborgs liegt in eben diesen Gedanken. Er zeigt uns, daß wir mit jedem Ereignis und mit jedem Hindernis vor eine Wahl gestellt werden, und daß Wählen Schaffen heißt. Bei uns liegt die Entscheidung, ob unsere Prüfungen uns zermalmen, oder ob wir sie in Kräfte des Guten verwandeln. Entweder wir lassen uns im Strome der öffentlichen Meinung und Überlieferung treiben, oder aber wir bauen auf die Führung der Seele im Innern und steuern mutig auf die Wahrheit zu. Von außen ist nicht zu erkennen, ob unsere Erfahrungen wirklich Segnungen sind oder nicht. Sie sind Giftbecher oder Gefäße heilsamen Lebens, je nachdem, womit wir sie füllen. Gewöhnlich haben wir uns weniger zwischen Tun und Lassen zu entscheiden, als zwischen den Grundsätzen, nach denen wir handeln sollen, wenn wir auf Hindernisse oder Hemmungen stoßen. Die Erde soll weder die Stätte eines uneingeschränkt angenehmen Aufenthalts noch die des göttlichen Grimmes sein. Wie der Boden Disteln hervorbringt und die Rosen Dornen tragen, so hat das Menschenleben seine Prüfungen. Das ist weder seltsam noch grausam. Gottes ständiges Drängen will uns zur Entfaltung und Stärkung für unsere höhere Bestimmung antreiben, unsere Bestimmung, die sich innerhalb der irdischen Grenzen nicht erfüllen kann. Nur im Streben nach dem Jenseitigen gewinnt unser Leben an Weite und Freude. So nehme denn jeder von uns seine Erdenlast auf sich und folge dem Beispiel dessen, der auf seinen schwachen Menschenschultern das Kreuz der Welt trug, um zu einem leuchtenden und inspirierenden Licht zu werden und den Schwachen, den Versuchten und Verzagten lebenspendende Gedanken und ein neues Verlangen zu schenken.

Ich weiß nicht, ob man das, was ich besitze, den „mystischen Sinn“ nennen kann. Sicher ist es ein Innewerden, ähnlich der Fähigkeit, die dem Blinden weitentfernte Gegenstände zur Kenntnis bringt und ihm selbst die Sterne an seine Tür zu rücken scheint. Dieser Sinn bringt mich in Beziehung zur geistigen Welt. Er sichtet und überprüft die beschränkten Erfahrungen, die mir eine unvollkommene Tast-Welt gewährt und führt sie meinem Gemüte zur Vergeistigung zu. Er offenbart dem Menschlichen in mir das Göttliche und knüpft ein Band zwischen der Erde und dem großen Jenseits, zwischen Zeit und Ewigkeit, zwischen Gott und Mensch. Zum Wesen dieses Sinnes gehört Erkenntnisstreben, Innewerden und Gedächtnis.

Es gibt nicht nur diese gegenständliche physische Welt, sondern auch eine ebenso gegenständliche geistige Welt. Dem Geistigen eignet ebenso wie dem Stofflichen eine Innen- und eine Außenseite, aber freilich hat jedes seine eigene Erscheinungsform der Wirklichkeit. Zwischen diesen beiden Ebenen des Lebens gibt es keinen Widerstreit – wenn nicht der Mensch sich des Materiellen bedient, ohne auf das Geistige Bedacht zu nehmen, das in der Materie und über ihr liegt. Swedenborg erklärt den Unterschied zwischen den beiden Daseinsebenen in seiner Lehre von den gesonderten Stufen oder Graden. Zur Verdeutlichung weist er darauf hin, daß wir die stoffliche Welt mit Sinneswerkzeugen wahrnehmen, die aus den gleichen Elementen bestehen wie jene Welt. Die geistige Welt dagegen kann nur von unseren geistigen Sinneswerkzeugen erfaßt werden. Diese bestehen aus den gleichen Substanzen, wie die geistige Welt.

Die dreifache Behinderung meines Lebens durch Blindheit, Taubheit und unvollkommene Sprache macht es so kompliziert, daß ich auch die einfachsten Dinge nicht ohne Nachdenken verrichten kann und mich stets bemühen muß, meine Erfahrungen mit der Vernunft zu sichten und zu ordnen. Wenn ich diesen „mystischen Sinn" nicht fortwährend betätigte, um die Außenwelt zu verstehen, dann würde mein Fortschritt stocken und alles in einem Chaos über mir zusammenbrechen. Wie leicht geschieht es, daß ich Träume und Wirklichkeit, Geistiges und Stoffliches, das ich mir nicht genügend geistig vorgestellt habe, miteinander vermenge. Ohne den inneren Sinn könnte ich sie nicht auseinanderhalten. Lassen sich auch solche Irrtümer nicht vermeiden, wenn ich mir meine Vorstellungen von Farbe, Ton, Licht und anderen nicht tastbaren Erscheinungen bilde, so muß ich doch stets das Gleichgewicht zwischen meinem äußeren und inneren Leben zu wahren suchen. Selbst meinen Tastsinn kann ich nicht gebrauchen, ohne mich ständig auf die Erfahrungen anderer zu stützen, sonst würde ich mich verirren oder unaufhörlich im Kreise gehen. Folgender Satz aus Swedenborgs „Himmlischen Geheimnissen" ist mir immer eine besondere Hilfe gewesen:

„Der innere Mensch ist es, der sieht und wahrnimmt, was im Äußeren vor sich geht, und aus dieser Quelle hat die Sinneserfahrung ihr eigentliches Leben. Aus keiner anderen als dieser Quelle stammt jedes Vermögen des Gefühls oder der Empfindung. Aber die Täuschung, daß die Sinneswahrnehmungen von außen kommen, ist so allgemein und von einer solchen Art, daß das natürliche Gemüt sie nicht loswerden kann – ja nicht einmal das vernünftige Gemüt –, bevor es gelernt hat, abgezogen vom Sinnlichen zu denken."

Als die Sonne des Bewußtseins zum ersten Male über mir aufging, da geschah ein Wunder! Der abgestorbene Stamm meines jungen Lebens, eingetaucht in die Wasser des Wissens, begann wieder zu wachsen, zu knospen, sich zu schmücken mit den lieblichen Blüten der Kindheit. In den tiefsten Tiefen meines Wesens rief es: „Das Leben ist schön!" Ich streckte dem Leben zwei zitternde Hände entgegen und von nun an sollte mir das Schweigen vergeblich Stummheit auferlegen! Die Welt, zu der ich erwachte, war zwar noch immer geheimnisvoll; aber in ihr wohnten nun Hoffnung, Liebe und Gott, und nichts anderes war letztlich von Bedeutung. Ob unser Eintritt in den Himmel dieser meiner Erfahrung gleichen wird?

Mehrere Jahre später weitete sich mein Leben abermals: als ich sprechen lernte. Staunen und Erregung überkommen mich noch heute bei der Erinnerung an jenes Ereignis vor dreiundsechzig Jahren, – so einzigartig, so wunderbar und so verwirrend steht es da. Man denke: Umgeben von mitternächtlicher Stille verwandelte ich nun stumme, seelenlose Luft in Sprache! Ich hatte buchstäblich keinerlei Vorstellungen von der Sprache, mein Tastsinn reichte nicht aus, um mir die tausendfachen feinen Schwingungen gesprochener Worte zu übermitteln. Da ich selbst physisch nichts hörte, mußte ich die äußerste Gedankenkraft aufwenden, deren ich fähig war, bis ich es endlich dazu brachte, daß man mich nicht nur hörte, sondern auch verstand. Heute noch ist es mir allein durch die Kraft des Geistes möglich, meine Sprache irgendwo in der Nähe des Verständlichen zu halten. Und wenn ich einmal beim Sprechen mein Bestes geleistet habe, so bin ich doch außerstande, jenen Grad der Vollkommenheit zu wahren, weil ich die von meinen Lippen ausgehenden Laute nicht vollständig empfinden kann. Es überrascht mich weniger, daß mir das nicht gelingen will, als daß der unbewußte Teil meines Geistes überhaupt und so oft in meine schwerfällige Sprache einfließen kann und meine Freunde mich ernstlich fragen können: „Warum kannst Du nicht immer so gut sprechen?“ Ich bin ganz sicher: mein Sieg wäre vollkommen, wenn ich jene seelische Kraft noch mehr entwickeln könnte. Der Schmerz und die Enttäuschungen, die ich auszustehen hatte, sind unsagbar; aber die Freude, die es mir bereitet, jenes lebendige Band zwischen der äußeren Welt und mir aufrechtzuerhalten, war diesen Preis wohl wert. Indem ich es lernte, zu artikulieren und Gefühl in das zu legen, was ich sagte, empfand ich mehr und mehr das Wunder aller Wunder in Zeit und Ewigkeit: Die Wirklichkeit des Geistes – dieses Geistes, aus welchem alle Bücher, Denk-Systeme, Wissenschaften, Kulturen ebenso wie Freude und Leiden der Menschheit hervorgehen. Als das Licht des Verstandes meinen Geist durchflutete und ich mir klar darüber wurde, daß Wörter kostbare Symbole von Wissen, Denken und Glück sind, erging es mir wie jenem einsamen blinden Menschen, der nach vielen Jahren des Wanderns im Mitternachtsdunkel plötzlich auf die Sonne und all die Herrlichkeit einer sonnenbeschienenen Welt stößt. Der gesunde Mensch ist mit dem Gebrauch der Worte vertraut, er kann sich kaum entsinnen, wann er sie zum ersten Male anwandte. Bei mir war es anders. Ich war fast sieben Jahre alt, als ich mir die Sprache anzueignen begann. Daher erinnere ich mich noch deutlich der Gefühle, die mich dabei bewegten. Jedes Wort lernte ich – Jahre bevor mir seine Laute klar wurden – als einen bestimmten Druck an meiner Hand kennen. Bei den meisten Leuten fällt, wie ich annehme, die Lautbildung und die Wahrnehmung der Wortbedeutungen zusammen. Zu mir kam die Bedeutung der Gedanken-Sinnbilder plötzlich.

Meine Lehrerin, Anna Mansfield Sullivan, war fast einen Monat bei mir gewesen und hatte mich die Bezeichnungen einer Anzahl von Gegenständen gelehrt. Sie gab sie mir in die Hand, buchstabierte dabei mit ihren Fingern die entsprechenden Wörter und half mir dann, selbst auf die gleiche Weise die Buchstaben zu formen; aber ich hatte nicht den leisesten Begriff von dem, was ich da tat. Ich weiß nicht, was ich dabei dachte. Ich habe lediglich eine Erinnerung an mein Tastgefühl, wie meine Finger jene Bewegungen durchmachten und von einer Stellung zur anderen wechselten. Eines Tages gab mir meine Lehrerin eine Tasse in die Hand und buchstabierte das Wort. Dann goß sie etwas Flüssiges in die Tasse und formte die Buchstaben W-a-s-s-e-r. Sie sagt, ich hätte dabei verlegen dreingeschaut und die Wörter fortwährend verwechselt, Tasse für Wasser buchstabiert und Wasser für Tasse. Schließlich wurde ich zornig, weil Fräulein Sullivan nicht aufhörte, die Wörter zu wiederholen. In der Verzweiflung führte sie mich hinaus zu dem von Epheu überwachsenen Pumpen-Häuschen und ließ mich die Tasse unter den Wasserstrahl halten, während sie die Pumpe bediente. Mit der anderen Hand buchstabierte sie eindringlich W-a-s-s-e-r. Ich stand ganz still, die Aufmerksamkeit meines ganzen Körpers richtete sich auf die Bewegungen ihrer Finger, während der kühle Strom über meine Hand rann. Auf einmal entstand in mir ein seltsamer Aufruhr – ein dämmerndes Bewußtsein, wie ein Gefühl von etwas, dessen ich mich wieder erinnern konnte[22]. Es war, als ob ich aus dem Tode ins Leben zurückkehrte! Ich begriff, daß das, was meine Lehrerin mit ihren Fingern tat, jenes kalte Etwas bedeuten sollte, das über meine Hand lief, und daß es mir nun möglich war, durch diese Zeichen mit anderen Menschen in Verbindung zu treten. O wunderbarer, unvergeßlicher Tag! Wie rasch stürmten meine Gedanken vorwärts und rückwärts, sie schienen sich – von meinem Gehirn ausgehend – ganz über mich zu verbreiten. Heute weiß ich, daß dies der Moment meines geistigen Erwachens war. Mir scheint, dies Erlebnis glich in seiner Art einer Offenbarung. Es zeigte sich sofort auf mancherlei Weise, welch große Wandlung mit mir geschehen war. Ich verlangte den Namen jedes einzelnen Gegenstandes zu wissen, den ich berührte, und noch vor Einbruch der Nacht beherrschte ich dreißig Wörter. Das Nichts war ausgelöscht! Ich fühlte mich freudig und stark, meinen Beschränkungen gewachsen! Köstliche Gefühle durchströmten mich, und süße, nie geahnte Dinge, so lange in meinem Herzen verschlossen, begannen sich jubelnd zu regen. Jene erste Offenbarung wog all die Jahre dunkler, tonloser Gefangenschaft auf. Das kleine Wort „Wasser" fiel in mein Gemüt, wie die Sonne in eine erstarrte Winterwelt. Vor diesem erhabenen Ereignis war nichts in mir als der Instinkt zu essen, zu trinken und zu schlafen. Meine Tage waren völlig inhaltlos; ohne Vergangenheit, Gegenwart oder Zukunft, ohne Hoffnung oder Erwartung, ohne Anteilnahme oder Freude.

Es war nicht Nacht, es war nicht Tag.
Nur Leere, die den Raum verschlang,
und Festes, jedoch ohne Ort:
Es gab nicht Sterne, nicht Erde, nicht Zeit –
Nicht Hemmnis, nicht Wandel –
nicht Gutes, nicht Schuld.

Es war nur ein Schritt für mich von den Wundern der Natur zu den Wundern des Geistes. Swedenborgs Botschaft war, als sie mir offenbart wurde, ein weiteres, kostbares Geschenk, das meinem Leben hinzugefügt wurde. Ich will versuchen, mein Gefühl in Worte zu fassen: Es war, wie wenn Licht dorthin fiele, wo niemals zuvor ein Licht gewesen war; die unberührbare Welt wurde mir zu leuchtender Gewißheit. Die Horizonte meines Geistes weiteten sich zu lichten Zielen, die freilich einen schnellen Lauf und einen harten Kampf erforderten.

Der Himmel, wie Swedenborg ihn schildert, ist nicht eine bloße Sammlung strahlender Gedanken, sondern eine tatsächliche Welt, in der man leben kann. Auch sollte man nie vergessen, daß der Tod nicht das Ende, sondern nur eine der wichtigsten Erfahrungen des Lebens ist. In der großen Stille meiner Gedanken leben alle, die ich je geliebt habe

– sie mögen nah oder fern, lebend oder tot sein –, sie bewahren dort ihre ganze Persönlichkeit, ihre lieben Eigenarten und ihren Reiz. Jederzeit kann ich sie um mich versammeln, daß sie meine Einsamkeit mit mir teilen. Mein Herz müßte brechen, wenn irgendeine Schranke sie daran hindern könnte, zu mir zu kommen. Freilich weiß ich, daß es zwei Welten gibt, – eine, die sich mit Schnur und Winkelmaß messen läßt, und jene andere, die wir nur mit unseren Herzen und in der Intuition erfahren können, aber Swedenborg macht das zukünftige Leben nicht nur vorstellbar, sondern sogar wünschbar. Seine Botschaft an die Lebenden, die der Macht des Todes und in seinem Gefolge der Trennung und dem Leid begegnen, weht als ein lieblicher Hauch von Gottes Gegenwart lindernd über das Herz der Menschheit. Wir können dem Tode nun so begegnen, wie es die Natur tut: in einen Lichtschein von Herrlichkeit kleidet sie sich im Herbst, in Gewänder von Gold, Smaragd und Scharlach, als wolle sie damit den Tod herausfordern, sie der Unsterblichkeit zu berauben. So können auch wir nun unbeschwert zum Grabe schreiten, begleitet von unseren frohesten Gedanken und leuchtendsten Erwartungen!

Die Schwierigkeit, die es dem Menschen bereitet, diese Lehren vom Tode anzunehmen, beruht weniger auf ihrer Unbeweisbarkeit, als auf seiner eigenen ungläubigen Haltung. Seine selbstsüchtigen Wünsche neigen dazu, sein geistiges Streben zu überwältigen, – oder vielleicht kommt es der Wahrheit näher, wenn man sagt, seine inneren Fähigkeiten haben noch nicht den nötigen Grad bewußter Erfahrung erreicht. Sie sind noch zu schwach, um in seinem Leben wirksam zu werden. Er ist nicht imstande, sich den verderblichen Einfluß der Gewinnsucht auf seinen Charakter voll zu vergegenwärtigen. Er versteht nicht die wirkliche Bedeutung seines Wesens und glaubt, nur die stofflichen Dinge seien wirklich real. Unsere Kultur erweist sich im selben Maße als eine Fehlentwicklung, als wir uns gleichgültig verhalten gegenüber den Lehren von Philosophen wie Swedenborg und gegenüber dem Schauen der großen Denker der Menschheit.

Mit einer Gedankenfülle, Überlegung und Weisheit sondergleichen berichtet Swedenborg, wie ihn Engel in der geistigen Welt von Reich zu Reich führten, um ihm das Leben nach dem Tode und die Wirklichkeit der unsterblichen Dinge zu zeigen. Ja, Engel waren seine Lehrer, seine Führer. Seine Seele wohnte schon im Himmel, so daß er die Größe der göttlichen Vorsehung und die wahre Bedeutung eines ewigen Lebens klar empfinden konnte.

Ich weiß, daß einige gelehrte Kritiker mich auf das Rad ihrer Geringschätzung flechten werden, und daß sie versuchen werden, meine bescheidene Philosophie auf dem Amboß ihrer Belustigung mit dem Hammer ihrer „wissenschaftlichen“ Gründe zurechtzuhämmern. „Die gesamte Schöpfung gipfelt in diesem unsichtbaren Atom des Stoffes – das Atom ist der Anfang und das Ende!" Vielleicht. Und doch funkelt noch immer ein Tautropfen im Kelch der Lilie, entströmt herrlicher Duft dem Herzen der Rose und faltet der Vogel unter einem Blatte seine Schwingen! Ich kann den armseligen Glauben nicht begreifen, der sich davor fürchtet, dem Tode ins Auge zu sehen. Ein Glaube, der durch den Anblick des Todes verwundbar ist, gleicht einem zerbrechlichen Rohr, untauglich als Stütze. Mit festem Geist folge ich einer Schau über alles Sehen hinaus, bis meine Seele sich im geistigen Lichte aufrichtet und ruft: „Leben und Tod sind eins!" Wenn ich auf mein Leben zurückschaue, so will mir scheinen, daß meine vornehmsten Verpflichtungen mich an jene binden, die ich nie gekannt habe. Meine liebsten Verbindungen sind solche des Gedächtnisses, meine treuesten und hilfreichsten Freunde die des Geistes.

Ich kann mich mir selbst ohne Religion nicht vorstellen. Ebenso gut könnte ich mir einen lebendigen Leib ohne Herz denken. Für den Tauben und Blinden bietet die Vorstellung einer geistigen Welt keine Schwierigkeit. Nahezu alles in der natürlichen Welt ist meinen Sinnen genau so unbestimmt und fern, wie die geistigen Dinge dem Geiste der meisten Menschen zu sein scheinen. Ich tauche meine Hände tief in meine dicken Braille-Bände mit den Lehren Swedenborgs und ziehe sie zurück, angefüllt mit den Geheimnissen der geistigen Welt. Der innere, oder wenn man so sagen will, „mystische Sinn" verleiht mir die Schau des Unsichtbaren. Meine mystische Welt ist lieblich; in ihr gibt es Bäume, Wolken, Sterne und wirbelnde Ströme, die ich nie „gesehen" habe. Ich habe oft ein Bewußtsein schöner Blumen und Vögel oder lachender Kinder, wo für meine sehenden Gefährten nichts ist. Skeptisch erklären sie mir dann: „Du siehst ein Licht, das nie schien auf Land und Meer!" Aber ich weiß, daß ihr mystischer Sinn schläft, und darum ist ihr Leben oft so unfruchtbar. Sie ziehen der inneren Schau „Tatsachen" vor. Zu solchen sagte der HERR: „Ihr begehret ein Zeichen, aber es wird euch keines gegeben". Ich liebe das Leben mit seinen Geheimnissen, seinen Träumen, seinem unbesieglichen Verlangen nach Heiligtümern, nicht von Menschenhand. Swedenborgs Werke sind ein unerschöpflicher Quell der Freude und Befriedigung für alle, die ein Leben des Geistes leben.

VORWORT ZUR ERSTEN AUSGABE
NACHWORT
ANMERKUNGEN

Helen Keller wird in der ganzen Welt geliebt. Die Art, wie sie angesichts einzigartiger Schwierigkeiten ihre Bildung errang, hat unseren Sinn für das Heldenhafte lebhaft angesprochen; ihr geduldiger Kampf und ihr Sieg rühren uns ans Herz. Ohne einige Kenntnis von ihrem geistigen Hintergrund kann niemand das Geheimnis ihres Werdeganges recht würdigen. Die Religion ist für sie ein Lebensweg für den Alltag. Für ihre Schau ist das geistige Leben ebenso wirklich und tatsächlich wie das natürliche Leben. Ihr Christentum gründet sich auf das Evangelium der Liebe.

Helen Keller wird in der Öffentlichkeit oft nach ihrer Religion gefragt. Sie antwortet dann kurz, möchte aber gern mehr darüber sagen. Und so hat sie, als man sie bat, ein Buch über ihre Religion zu schreiben, die Gelegenheit willkommen geheißen, ihren vielen Freunden des näheren ihre religiösen Ideale zu erklären, und wo sie sie fand. Es war eine Arbeit der Liebe, und sie hat ihre ganze Seele hineingelegt, nicht um sich über einen bestimmten Punkt auseinanderzusetzen, sondern um mit anderen zu teilen, was ihr selbst von unschätzbarem Werte ist.

In ihr begegnen wir einer Seele, die von Kindheit an auf eine ungewöhnliche Weise rein erhalten worden ist; hier ist ein religiöses Erleben, das nicht durch die Blindheit irgendwelcher Sektenhaftigkeit beeinträchtigt ist; hier finden wir eine geistige Einsicht und eine Wahrnehmungsgabe, welche nicht durch die Dinge des sinnlichen Lebens beansprucht und abgestumpft wurde. Hier ist ein Mensch, an dem der HERR ein Wunder gewirkt hat, ein Mensch, der nur erklärt: „Eines weiß ich: Ich war blind, aber nun sehe ich."

Washington, D. C. Paul Sperry

Helen Keller berichtet im vorstehenden Buche davon, wie sie sprechen lernte. Da wir übrigen Menschen die Gabe des Sprechens gewöhnlich durch unser Gehör empfangen, indem wir die Laute der Anderen nachahmen, was ihr ja aber versagt blieb, möchten wohl manche Leser gerne erfahren, wie sie trotzdem sprechen lernte. Herr Paul Sperry, der Verfasser des vorstehenden Vorworts, der viel mit dem Zustandekommen des Buches zu tun und mit ihr zu verkehren hatte, berichtete darüber Folgendes: Helen Keller hört mit den *Fingern*. Diese hält sie nahe vor den Mund des Sprechenden. Jeder Laut, jeder Buchstabe, läßt den Atem auf seine eigene Weise den Lippen entströmen. Mit ihren ungemein feinnervigen Fingern spürt sie die Verschiedenheiten dieser Luftströmungen bei den verschiedenen Buchstaben und lernte diese so mit ihren Fingern unterscheiden, suchte die Laute dann selbst nachzubilden und mit ihren Fingern nachzuprüfen, ob die Art der Luftausströmung übereinstimmte, wobei ihre geduldige, aufopfernde Lehrerin Anne Sullivan durch ihre Mitkontrolle zweifellos eine große Hilfe war. Ihr Sprechen ist begreiflicherweise etwas eintönig, da sie es selbst nicht hört und darum nicht anpassen kann. Es ist zudem überaus anstrengend für sie, da das Hervorbringen jedes Buchstabens auf einem Denkvorgang beruht. Im Gegensatz zum Sprechen der vollsinnigen Menschen, das automatisch geschieht, muß sie jedesmal ganz bewußt Mund und Zunge in die richtige Stellung bringen.

Ist die Art, wie Helen Keller sprechen lernte, ein Wunder, so will es uns als ein ebensolches erscheinen, wie sie, die wohl den Tastsinn, nicht aber das Sehen und Hören besaß, dazu gelangte, Begriffe zu erfassen und zu verstehen, welche nicht mit den Händen zu greifen sind, wie: Gedanke, Liebe, Philosophie, – weist doch schon das Wort „Begriff" auf Greifen hin, nun aber auf etwas, das nicht mit den irdischen Händen, sondern mit dem Geiste zu greifen ist. Wir Leser, die sehen und hören können, vermögen uns kaum richtig vorzustellen, wie solche geistige Vorstellungen sich in einem Geiste sollen bilden können, der von den üblichen Zugängen von der Außenwelt so abgesperrt ist wie Helen Keller; sind es doch unsere *Sinne* und darunter vor allem Sehen und Hören, die uns mit der Außenwelt verbinden und die ganze sichtbare Schöpfung zu einer Weide werden lassen, wo dem Geist unausgesetzt Nahrung in Fülle dargereicht wird. Wie können sich in einem Geiste, dem die Zufahrtstraßen des Sehens und Hörens fehlen, Vorstellungen bilden, Vorstellungen von Dingen, die die Taube und Blinde nicht mit ihren Händen greifen kann? Schon als Helen Kellers geniale Lehrerin Anne Sullivan ihr den Namen aller tastbaren Dinge mitteilte, ward sie von der Sorge gequält, wie sie ihr den Begriff von nicht irdisch greifbaren Dingen würde beibringen können, was sie dann mit Recht der Entwicklung zu überlassen beschloß. Auch Helen Keller suchte das Rätsel zu lösen und kam, wie sie selbst in ihrer jugendlichen „Geschichte meines Lebens" berichtet, zunächst zu der Lösung, daß wir vielleicht etwas wie ein vererbtes Gedächtnis besitzen, d. h. eine von den Vorfahren ererbte Fähigkeit und Anlage zu Vorstellungen aller Art, auch von geistigen Dingen und Sachverhalten. Wie dem auch sei: Von Swedenborg aus haben wir eine noch einleuchtendere Lösung des Rätsels zur Hand: Danach lebt unser Geist vom Anfang unseres Seins an in der Welt des Geistes, während seine irdische Hülle in der Welt des Stoffes wohnt, solange die Seele ihm innewohnt und ihn belebt. In der geistigen Welt aber gibt es nicht unseren Raum und seine Entfernungen; vielmehr richten sich Nähe oder Ferne dort nach dem Grad innerer Verbundenheit, eine Tatsache, die der Allgemeinheit längst bekannt ist und auch in unsren Sprachgewohnheiten Ausdruck gefunden hat, wenn wir von jemandem sagen, daß er uns ferne oder nahe stehe. Wir stehen mit den Menschen, mit welchen eine gewisse innere Verbindung vorhanden ist, schon hier auf Erden in ständigem Gedankenaustausch, worauf auch die bekannte Erscheinung der Gedankenübertragung beruht, für welche irdische Entfernungen kein wirkliches Hindernis bilden. Dieser Gedankenaustausch geht vor sich nicht nur zwischen Menschen, die noch in ihrem irdischen Körper auf Erden leben, sondern mit unserer ganzen geistigen Umgebung, zu welcher auch Menschen gehören, die schon in die geistige Welt eingegangen, aber uns irgendwie in ihrer Gesinnung ähnlich sind. Das sind zuweilen Menschen mit nunmehr geklärteren Begriffen auch von geistigen, irdisch nicht greifbaren Dingen. Es kann gar nicht ausbleiben, daß durch diese uns umgebende und ständig auf uns einströmende Sphäre die auch uns innewohnende Anlage zu geistigen Begriffen gefördert und ausgebildet wird, – auch bei denen, die es damit schwerer haben: den Blinden und Tauben. Jedenfalls sehen wir Helen Keller mit den geistigen Begriffen umgehen wie einen Menschen, der unter ihren Beschränkungen nicht zu leiden hat. Ja, die Losgelöstheit von vielen Sinneseindrücken, die ihr auch viele Sinnes*täuschungen* erspart, scheint ihr geistiges Begreifen sogar noch zu erleichtern und zu fördern. Aber es fehlen ihr – wie aus diesem Buche hervorgeht – auch nicht die Vorstellungen von den Farben und allen möglichen Einzelheiten der Natur, was wahrscheinlich ebenfalls auf das Einströmen der sie umgehenden geistigen Sphären und auf die Übertragung von Gedanken und Vorstellungen zurückzuführen ist. Das gilt auch für die höchste Vorstellung: die von *Gott*. Nur wird diese uns Menschen zudem von einem noch innerlicheren Einfluß übermittelt: Wir leben ja in der Schöpfung und Sphäre Gottes, und von daher erreicht uns nach Angabe Swedenborgs ein Einfluß, welcher es unserer Seele beibringt, daß ein Gott *ist*, weswegen wir eine Art Religion auch bei urtümlichen Völkern vorfinden, – eine Grundvorstellung, welche diese dann ihrer Art gemäß entwickeln.

Helen Keller hat in ihrer Abgeschlossenheit von der Welt ihre eigene Ausdrucksweise entwickelt, die aber der Übersetzer auch im Deutschen beizubehalten suchte. – An der Durchsicht der Übersetzung beteiligten sich von der Swedenborg-Gesellschaft Zürich die Herren Dr. Friedemann Horn, Dr. Walter Winkler und Prof. Gerhard Gollwitzer, Stuttgart.

Zürich — Ad. L. Goerwitz

1 Anspielung auf einen berühmten Ausspruch R.W. Emersons: „Wenn der große Gott einen Denker auf unseren Planeten losläßt, so nehmt euch in acht, denn dann ist alles in Gefahr." (Der Übers.)

2 Der lateinische Titel „Oeconomia regni animalis" ist nicht leicht zu übersetzen. Die meist gebrauchte wörtliche Fassung „Wirtschaftlichkeit im Tierreich" trifft den Inhalt des Werkes nicht, da Swedenborg darin ausschließlich den Körperhaushalt des Menschen behandelt. Der Erkenntnis der Seele auf dem Weg über die Erforschung ihres Körpers aber galt das ganze Streben des Autors bei der Abfassung dieser Arbeit, wie seine gleichzeitige Schrift „De via ad cognitionem animae" zeigt. (Der Übers.)

3 Helen Keller spielt hier auf ihre Lehrerin Anne M. Sullivan an, von der sie im folgenden Kapitel berichtet.

4 Bekannter Geistlicher von Boston, der die Werke Swedenborgs gut kannte. (Der Übers.)

5 The Volta Review.

6 Die Blindenschrift.

7 Die in Kursivschrift gesetzten Worte finden sich auch in der amerikanischen Ausgabe in deutscher Sprache.

7a In den von Elisabeth Kübler-Ross berichteten Fällen von Todesnähe-Erlebnissen befindet sich der Fall eines blinden Mannes, der während einer Operation starb und für „klinisch tot" erklärt wurde. Nach seiner Reanimation verblüffte er die Ärzte damit, daß er ihnen genauestens die Operation und die daran beteiligten Personen schildern konnte, wie es nur ein Sehender vermag. Nach der Rückkehr in seinen physischen Körper war er jedoch wieder so blind wie zuvor. Das spricht in der Tat dafür, daß der geistige Leib im Unterschied zum physischen vollkommen ist. (Anm. d. Herausg.)

8 Joseph Conrad Korzeniowski, geb. 1857 zu Berditschew in Rußland, bekannt durch seine bedeutenden englischen Romane. (Der Übers.)

9 „Representative Men“.

10 In Panama.

11 Nr. 463.

12 Nr. 85, 87, 92, 104.

13 Shakespeare.

14 1. Korinther 13,12.

15 Das entsprechende hebräische Wort wird in den englischen Bibelübersetzungen mit „Gleichnissen“ wiedergegeben. (Der Übers.)

16 „Himml. Geheimnisse im Worte Gottes,die nun enthüllt sind“ Nr. 68.

17 Nr. 56-57.

18 Nach Swedenborg benutzt Gott auch das Streben derer zum Nutzen der menschlichen Gesellschaft, die noch weitgehend von Selbstliebe beseelt sind. Sie sind Teil von jener Kraft, die stets das Böse will und doch das Gute schafft, wie Goethe – ein großer Verehrer Swedenborgs – im „Faust“ die Aufgabe des Mephisto umschreibt. (Der Übers.)

19 Das entsprechende Wort in der Apokalypse 14, 13, kopos, bedeutet gar nicht Arbeit, sondern: Zerschlagenheit von der Anstrengung, Ermüdung, Mattigkeit, Mühe, Beschwerde. (Der Übers.)

20 Tropische Blumen, die als Sinnbilder der Unsterblichkeit gelten. (Der Übers.)

21 Nr. 38.

22 Helen Keller verlor Gehör und Gesicht im Alter von eineinhalb Jahren infolge einer schweren Krankheit. (Der Übers.)

INHALT

Prof. Gerhard Gollwitzer

DIE DURCHSICHTIGE WELT
EIN SWEDENBORG-BREVIER

5. Aufl., 190 Seiten, Paperback

Eine bewährte Einführung von einem hervorragenden Kenner. Swedenborg kommt selbst ausführlich zu Wort. „Menschen, denen ihr Glaube Suchen, Zweifeln, Irren und Kampf ist, kann eine Beschäftigung mit Swedenborg viel bedeuten. Die vorliegende Einführung versucht, Erläuterung (Kursiv-Schrift) und original Wortlaut (Antiqua-Schrift) der Gesichte Swedenborgs so zu verbinden, daß der Leser eine Anschauung vom «Bilddenken» des bedeutenden schwedischen Sehers erhält." (Mitteilung der EZ für öffentl. Büchereien).

Dr. Wilson van Dusen

DER MENSCH IM KRAFTFELD
JENSEITIGER WELTEN

270 Seiten, Leinen-Broschur

Der bekannte klinische Psychologe machte mit seinen Patienten Erfahrungen, die Swedenborgs Schau voll und ganz bestätigten. In seinem Buch, das zuerst bei Harper & Row in New York erschienen ist, macht der Autor den Leser vor allem auch mit den psychologischen Aspekten der Lehren des schwedischen Sehers bekannt. Namentlich für psychologisch interessierte Leser als Einführung geeignet.

OFFENE TORE

2-Monatsschrift, Herausg.: Dr. F. Horn;
Beiträge zum neuen christlichen Zeitalter